U0866278

# 夏洛克的魂

## 本尼迪克特·康伯巴奇传

SOUL OF SHERLOCK

BENEDICT CUMBERBATCH

（英）奈杰尔·古道尔◎著　　梁春磊◎译

中国工人出版社

**图书在版编目（CIP）数据**

夏洛克的魂：本尼迪克特·康伯巴奇传 / （英）奈杰尔·古道尔（Nigel Goodall）著；梁春磊译. —北京：中国工人出版社，2018.12

书名原文: Benedict Cumberbatch:The Biography

ISBN 978-7-5008-7112-5

Ⅰ.①夏… Ⅱ.①奈… ②梁… Ⅲ.①本尼迪克特·康伯巴奇—传记 Ⅳ.①K835.615.78

中国版本图书馆CIP数据核字（2018）第290219号

著作权合同登记号　图字：01-2016-7846

Text © Nigel Goodall 2014, 2015
Chapter 12 text by Chris Roberts, © André Deutsch, 2015

本书简体中文版由中国工人出版社于2019年出版。

夏洛克的魂：本尼迪克特·康伯巴奇传

| | |
|---|---|
| **出版人** | 王娇萍 |
| **责任编辑** | 左　鹏 |
| **责任校对** | 董春娜 |
| **责任印制** | 黄　丽 |
| **出版发行** | 中国工人出版社 |
| **地　　址** | 北京市东城区鼓楼外大街45号　邮编：100120 |
| **网　　址** | http://www.wp-china.com |
| **电　　话** | （010）62005043（总编室）　（010）62005039（出版物流部）<br>（010）62379038（社科文艺分社） |
| **发行热线** | （010）62005049　（010）62005042（传真） |
| **经　　销** | 各地书店 |
| **印　　刷** | 三河市东方印刷有限公司 |
| **开　　本** | 710毫米×1000毫米　1/16 |
| **印　　张** | 14.5 |
| **彩　　插** | 16页 |
| **字　　数** | 230千字 |
| **版　　次** | 2019年1月第1版　2019年1月第1次印刷 |
| **定　　价** | 45.00元 |

**本书如有破损、缺页、装订错误，请与本社出版物流部联系更换**
**版权所有　侵权必究**

BENEDICT CUMBERBATCH

Soul of Sherlock

# 目 录

BENEDICT CUMBERBATCH

Soul of Sherlock

# 前 言

所有的娱乐周刊可能都会这样和你渲染，那些一夜成名的影视明星就是一个神话！在朱迪·嘉兰找到自己彩虹般的未来之前，她还是一个名叫弗朗西斯·埃塞尔·古姆的纯朴姑娘，与剧院姐妹在美国经济大萧条时期巡回演出。诺玛·简·贝克或许会告诉你，她经历了多少次难以启齿和跑龙套的生活才变成了玛丽莲·梦露。还有在《第四十二街》中扮演疯狂踢踏舞者的鲁比·基勒或许会告诉你:“你出去的时候是个年轻人，但当你回来时一定是个明星！”这是电影中的经典台词，却不能真切反映他们在进入娱乐圈之前付出了多少努力。

一夜成名的神话还在持续，并且召唤着每一位经历长期艰苦训练的新演员。最近一位“一夜成名”的明星是本尼迪克特·康伯巴奇。夏洛克·福尔摩斯是柯南·道尔笔下的一名维多利亚时期的侦探，英国广播公司颠覆性地重塑了一位现代的福尔摩斯，并由本尼迪克特出演。他受到了媒体和公众的喜爱，成为了荧幕上的演艺传奇。

确实，本尼迪克特的成就常人难以企及。他从大众文化中提取了这一标志性的人物，并将其重新塑造而不失原有魅力。但与他共同出演舞台剧《弗兰肯斯坦的灵与肉》的约翰尼·李·米勒在《福尔摩斯：基本演绎法》中就没有那么好的运气，这部电视剧是一个美国人想要玩同样的戏法结果却事与愿违。一夜间，本尼迪克特·康伯巴奇给演艺圈带来了一场轩然大波。

像所有迅速成名的优秀演员一样，为了这个将会改写他一生的角色，本尼迪克特几乎投入了他所有的精力。他来自一个演艺世家，他的父亲是演员蒂姆西·卡尔顿，他母亲是20世纪70年代电视剧中深受大家喜爱的万达·范森。因此，很多人认为本尼迪克特的成功是水到渠成的，但是事实远非如此。

本尼迪克特的明星潜质在他上哈罗公学的时候就已显露，他的戏剧老师描述他是其合作过的最好的学生演员。或许他能进入曼彻斯特大学学习戏剧，与早期时这些鼓励以及他自身的背景密不可分。从2001年起，他便经常担任英国舞台剧的主角，多次与英国皇家歌剧院、摄政公园露天剧场合作，并因所演绎角色的多样性而获得了很多奖项的提名。

《神探夏洛克》直到2010年才在英国首播，一场由本尼迪克特引发的暴风雨席卷而来——即使眼光敏锐的观众也不会记得本尼迪克特曾出演了众多角色。他曾在2000年和2004年两次出演热门家庭剧《心跳》，在影视剧《南茜的情史》《男人四十》《剑桥风云》《军情五处》和《无声的见证》中都有过出色表演，但是依然不为人熟知。

2007年，他因出演一部关于史蒂芬·霍金的电视传记，被提名为英国影视艺术学院奖最佳男主角。这比埃迪·雷德梅恩在电影中饰演霍金还要早很久。在那之后，《斯图尔特：倒带人生》和由小说《杀人不难》改编的《马普尔小姐探案》的演出经历，为他在贝克街公寓破案侦查做足了准备。

很快好莱坞就意识到这个角色已越来越深入人心。虽然，反应缓慢的新闻媒体直到《神探夏洛克》已经产生了巨大的影响时，才对男主角提出一些“中肯”的建议，建议康伯巴奇要把握住。

2006 年，本尼迪克特出演了他的电影处子秀《恋爱学分》，与他一同出演的还有当时不为人知的凯瑟琳·塔特和詹姆斯·柯登，之后当他在奴隶题材电影《奇异恩典》中饰演小皮特时，来自伦敦影评人协会的突破表演奖降落到他的头上。在本尼迪克特的职业生涯中有很多重量级影片获奖，其中包括:《赎罪》《另一个波琳家的女孩》《造物弄人》《锅匠，裁缝，士兵，间谍》《第五阶层》《为奴十二年》和史蒂芬·斯皮尔伯格指导的影片《战马》，还有他在《霍比特人》中为巨龙史茅戈的配音也获得殊荣，他的电影作品给人们留下了深刻的印象。

《星际迷航：暗黑无界》这部电影奠定了他作为英国演员在好莱坞的位置。《纽约时报》曾评论说，他演绎了有史以来最棒的反派角色之一。除此之外，2013 年 11 月，“因为他在电视剧、电影和舞台剧展现了大师级别的表演”他获得英国影视艺术学院洛杉矶分部颁发的“大不列颠奖英国年度艺人奖”。仅仅一年之后，他又荣获了更多的奖项，其中包括他凭借《模仿游戏》扮演艾伦·图灵一角获得 2015 年奥斯卡金像奖最佳男主角的提名。

在取得这些荣耀的同时，不可避免的是媒体对他幕后生活的更多关注。不仅仅只有本尼迪克特一个人的私生活被媒体闯入，与他交往了近十年的演员奥利维亚·波莉也未能脱身。与女友分手之后本尼迪克特单身了一段时间，不过紧接着就传出他跟很多模特、女演员甚至不知名的女人约会。今天，他终于摆脱单身状态，作为导演苏菲·亨特的丈夫，他的生活就像他梦寐以求的那样——成为一个出众的演员，拥有自己的家庭——这一切最终成为了现实。

2004年他在南非时，发生了一件令人毛骨悚然的事——他和两个朋友遭遇了绑架。后来回顾起那次恐怖事件他说："这件事教育了我，人来到这个世界直到离开，都是孤身奋战，这让我觉得不应该平凡地度过此生。"

他身上所有的符号都证明着：不平凡的生活的确是本尼迪克特·康伯巴奇所要获得的，正如他的职业生涯持续处于上升期一样。现在是时候去回顾他所经历的一切了。

第一章

# 天堂中的噩梦

SOUL OF
SHERLOCK
BENEDICT CUMBERBATCH

本尼迪克特·康伯巴奇面临着死亡的考验。他跪在地上，一条羽绒被盖着他的头，手被鞋带捆绑在一起。这个演员正在用最典型的受刑姿势等待着终结他生命的枪声。

这可能要花上5年的时间才能让他重新讲述那个可怕的夜晚，当他作为一个人质，面对着三个持枪抢劫的匪徒。2004年的夏天，本尼迪克特28岁，刚刚完成英国广播公司在南非拍摄的一部名为《直到世界尽头》的电视剧。这是他第一次经历海外拍摄，并且是他第一个作为主角的荧幕形象。与他一同在现场的还有拍摄过《加冕街》和《同志亦凡人》的女演员丹尼斯·布莱克以及当地演员西奥·兰迪。

三个人一见如故，志趣相投，所以，很自然地在一起消磨时间，不管是在拍摄现场还是在私底下都形影不离。当终于可以在忙碌的拍摄间隙享受几天假期时，他们决定去邻近的索德瓦纳湾尝试一下当地人常常提起的酒吧和潜水项目。本尼迪克特、丹尼斯、西奥三人一到达目的地便爱上了那个地方，并决定在那里度过周末时光。这里悠闲的氛围可以让他们好好地放松心情。他们原本计划是在周一早上开车回拍摄地但又担心会遇到堵车。最后大家一致决定等周日太阳落山了就往回赶，加上本尼迪克特患了重感冒，大家觉得这或许是个不错的决定，然而他们并不知道这一点小小的行程改变差一点要了他们的命。

警察曾经警告过他们不要在天黑以后走这条路，这个区域的汽车劫匪数量在逐年增长并且其中有很多劫匪都带着枪，万一被劫持了很难有人进行营救的。遇到劫匪不要直视歹徒的眼睛、不要回答问题、不要有任何细微的不经意的小动作。能做的只有乖乖地交出歹徒索要的一切并且祈祷好运。警察还告知他们在这种情况下劫匪一般会有哪些举动：他们会搜寻你们的武器、现金以及任何有价值的东西，包括毒品，并且检查你们的钱包以及车里的所有行李。所以，要把现金和信用卡、储蓄卡分开来放，然后歹徒会向你们索要银行卡的密码。通常歹徒会带一个受害者作为人质确保银行卡的密码有效，他们会把人质装进车的后备厢，然后带着他开到附近的一个提款机处，当歹徒取出尽可能多的钱之后就会把这个人质残忍杀害。当本尼迪克特成为那个可怜的人质被拖进后备厢的那一刻，这些警告一定在他的脑海里闪现过。

时至今日，也没有人能说清楚汽车的爆胎是个巧合还是有人故意为之。是的，当时车子右胎突然爆了。他们只好靠边停下，一辆辆大卡车轰隆隆开过，未做停留。就在他们更换备用胎的时候，从旁边的灌木丛里跳出六个全副武装的彪形大汉，对他们强行搜身，索要现金和一切值钱的东西。康伯巴奇和他的朋友的双手被扳到背后，双脚被鞋带绑在一起。之后发生的是一种极度野蛮、令人恐惧的暴行。“那是一种深深的恐惧！”当丹尼斯回忆起歹徒接近他们的那一刻，任何细小的动作都可能酿成更大的灾难。劫匪恐吓他们要面对着汽车并把手放在头上。警察曾告诉他们，如果携带了大量的现金，一旦遇到劫匪反倒更加危险，当时，他们为了支付潜水课程几乎用尽了所有的现金。三人全身上下只剩下一些硬币和几张银行卡，这令劫匪十分恼火。

多年以后，本尼迪克特回忆道：“他们挟持我们进入汽车，我记得他们曾说要把我们杀死在车里然后离开。”然而歹徒突然有了新的想法。他们把丹尼斯和西奥推进了车的后座，而本尼迪克特被强制坐在一个歹徒的腿上。他的后背紧贴着风挡玻璃，如果不是面对这么一件恐怖事情，那真是一个很搞笑的姿势。本尼迪克特记得由于汽车在沙地上不停颠簸，他的臀部不停撞击着车内收音机的按钮，突然之间一个离奇的事情发生了，广播里突然大声响起电台主持人大喊“如何让自己完全消失”，但此时此刻并没有人可以做到，开车的歹徒慌张地关上了收音机，接踵而来的是汽车引擎的声音和前胎被刺破后上下颠簸的声音，除此之外即是死一般的宁静。

当汽车终于停下来时，恐惧感变得更强烈，本尼迪克特、丹尼斯、西奥被拽出了车，他们彼此肩并肩跪成一排。一条羽绒被裹在他们头上以降低射击时的响声。“就这样吧！”本尼迪克特回忆道。他们三个人等待着死亡的来临。

“他们居然摘掉了我们头上的羽绒被，询问我们谁有手机、为什么没有现金和大麻，”本尼迪克特继续回忆道，“之后，歹徒把轮胎换了，向我们索取银行卡的密码。然后，他们要求我站起来，钻进后备厢。”本尼迪克特没有任何办法，只得按照歹徒的意思做。后备厢“嘭”地关上了，里面阴暗狭小，他可以听见丹尼斯和西奥小声地祷告。

当丹尼斯第一次回忆这场事故时，她认为表演技巧对于他们渡过难关起到了莫大的作用。“我们当时极度恐惧却又极度礼貌。”她回忆道。但是他们凭借本能开始即兴表演。不论什么事，只要歹徒希望的，他们都可以演出来。至于她与西奥是如何一起说服其中的一名歹徒打开车的后备厢，连丹尼斯自己也记不清了。

本尼迪克特大口呼吸着新鲜的空气。他骗劫匪说他们都是英国演员，一旦他们失踪了警察会一查到底。他告诉歹徒自己有密闭恐惧症，如果继续关在后备厢里可能会引发心脏病。“一个英国人死在你车里，对你来说是件麻烦事儿。”面对这样的“事实”，歹徒犹豫了一下，还是决定关上后备厢。本尼迪克特迷失在了黑暗中，他挣扎着、喘息着，并深信这次必死无疑。

本尼迪克特静静地聆听着歹徒之间激烈地争吵，直到后备厢再一次被打开。他被单独拽到了路边的斜坡，歹徒用本尼迪克特自己的鞋带绑住了他的手。“你不要做任何蠢事，否则我就杀了你，”歹徒威胁道，“全都趴在地上，”不一会儿，丹尼斯和西奥也被拖到了他旁边，南非的夜变得越来越冷。

这三个人尝试挤在一起互相依靠着取暖。“在黑暗中，我能感受到我的血液在身体里流动，能听见昆虫在地面行走觅食的声响，我想到了家，尽管我们彼此靠得那么近，但依旧感到无限的孤独。”多年后，本尼迪克特在王子受托慈善基金会上写下了这段话。当时，本尼迪克特、丹尼斯、西奥三人并没有胆量进行交谈，他们不知道歹徒正做着怎样的打算，直到他们听见汽车启动、离开的声音。难道就这样结束了？他们可以站起来了？

三个人重新燃起了活下去的希望，他们互相解开了捆绑在手上的鞋带儿，然后背对着高速公路艰难地站起来。三人经历了超过三个小时的噩梦，现在已经接近午夜。他们向每一辆经过的汽车招手，但是并没有人为他们停下来。他们只好在深夜的高速路上蹒跚而行，他们经历了世界上最残酷的事情也体验了人心的冷漠。

不知道走了多久，终于碰到一家卡车休息站，那是由一个当地老妇人经营的，他们蹒跚地走了进去。那一晚，他们第一次感到了安全。本尼迪克特回忆到那个老妇人为他们的经历感到愤慨。老妇人帮他解开了手腕上最后一个绑绳时，本尼迪克特情不自禁地流下了眼泪。而今十几年过去了，尽管那晚的恐惧和伤痛已经慢慢褪去，但是那种生命失而复得的感觉永远不会抹去。“现在我不会再浪费时间，”丹尼斯在经历这件事之后说。同样，西奥、本尼迪克特也是如此。本尼迪克特用一种历尽沧桑的语气说道：“如果经历了直面生死之事，你将会变成一个完全不同的人。经历了考验并且存活了下来，在某种意义上会让你更加坚强，你将带着这些经历去工作、生活。”恐怖的南非事件，让本尼迪克特感到自己仿佛重获新生，现在他要尽情享受生命并让每一秒都活得有意义。在那一年的四月，他曾在日记中写下：“你必须用百分之百的努力去付出，为的是庆祝我们生命的珍贵并且有权享有它。”

直到 2013 年 12 月，他才重诉事件发生后的日子。他曾告诉英国斯图亚特王室，在一个清晨他不自觉地走到房间的阳台上，发呆望着大海。“我感到脸上一阵燥热，有一些想法闪过：我想要在这片海游泳，我想要横跨那片沙丘，我想要和每个我看到的人互致敬意……我身体里的每一个原子都想要参与进去，因为我还活着。或许我可以将它写下来，告诉人们关于这件事的一切，让它发挥一些作用，让大家更加珍爱生命。”

本尼迪克特的确这么做了，根据回忆，他写下了整整四页纸关于当时的细节，之后几天他去跳伞了，然后充满活力地回到工作中。“我完成了我想要做的事情。”后来，本尼迪克特甚至准备回到当时的事发地去看看。

康伯巴奇居然又回到莫桑比克，完成了他的潜水课程。“我第一次潜入水下的时候，看到一头抹香鲸和它的幼鲸，它们离我还不到 10 米的距离。船上的领航员说，‘你这家伙真幸运，我干这一行十年了，从没有这么近距离地看过抹香鲸。你居然还是第一次潜水，太不可思议了！'"

在此之后，本尼迪克特居然又经历了濒临死亡的事。在他早年的时候，有三次都差点死掉。可以说，他的存在本身就已经是奇迹了。他一生中经历过那么多次险境，真是大难不死，必有后"福"。本尼迪克特的父母四十多岁才生下他，他在还是小孩子的时候就很喜欢看直升飞机，有一次姐姐把他抱到阳台看直升飞机，结果忘了把他抱回来，他差点儿被冻死。18 岁时，正在家中温习功课的本尼迪克特遭遇了一次恐怖袭击事件。一辆汽车装载着 30 磅的炸药在以色列驻英大使馆附近引爆，受伤人数超过 30 人，本尼迪克特家里的玻璃都被震碎了，所幸他只是一时失聪。在大吉岭教书时，本尼迪克特和朋友们差点儿在远足时因脱水和饥饿葬身尼泊尔。经过这么多灾难，本尼迪克特领悟到人生的可贵。"我做出的所有关于人生的重大决定，其实都是人生真正被推到悬崖边缘之后才意识到的。我曾经游过危险的鲨鱼区，冲破巨大的风浪……在经过这一切之后，我想'我必须得对得起这宝贵的生命课'，除非你亲身经历，否则很难去领悟！"

当人们想到本尼迪克特·康伯巴奇面临死亡，首先映入脑海的却是那个并没有真实发生的剧情：当夏洛克跳下圣巴塞洛缪医院的楼顶时，当然，那是摄影机让观众信以为真。

第二章

# 一个来自汉默史密斯的男孩

SOUL OF
SHERLOCK
BENEDICT CUMBERBATCH

蒂姆西·卡尔顿·康伯巴奇和万达·范森永远不会被描述成传统的父母形象，他们所处的环境也与众不同。1970 年，在各大电视节目里，他们是红极一时的演员，他们在爱尔兰拍摄《乱世一家人》中相识相爱。万达当时已经拍摄了两集，当蒂姆西到片场的时候她正在拍摄第三集，那是 1970 年的 4 月。同年当这部剧在 ITV 播放时，万达希望可以与蒂姆西共同收看。

万达出生在伯明顿的苏塞克斯，当她遇到蒂姆西时，她最成功的角色是科幻电视剧《不明飞行物》中的克诺·维吉尼亚·雷克，之后她曾和罗杰·莫尔在《圣徒》中合作。她还曾经在帕特里克·麦高汉的经典影片《囚徒》出演过一个小角色，以及参演麦高汉接下来的电视剧——揭露秘密代理人约翰·德雷克的《危险男人》。事实上，万达在那一年出演了很多角色，当时，常规不变的生活对于她来说还太早。

万达出演了《心跳》《海蒂探案》，以及在《服装业》中扮演作家戴利的爱人，在《夫妇》中扮演苏珊的妈妈，在《男人行为不轨》中扮演黛博拉的母亲。她在至少十五部英国广播公司的电视剧中出演主角。与伊恩·亨得利在《忘忧树》演对手戏后，《拉特兰周末》曾邀请她作为嘉宾，随后喜剧秀《两罗尼》也邀请她作为嘉宾。她甚至在《神秘博士》的三十年中出演三个不同的角色。当然，她最出名的角色是在《只有傻瓜和马》里扮演的卡珊德拉的母亲。

蒂姆西也同样忙于电视剧的拍摄——《看守者》《大鼻子情圣》《CI5 行动》和《迪克巴顿》。万达和朱迪·丹奇、玛吉·史密斯在同一时期出现在银幕，尽管她不是一开始就打算做个演员。她原本强烈希望成为一名作家，并且参加了一年的艺术学校的专业学习。在学校假期时，她在康诺特电影院做海报画家。就是这样一次经历，让她终于发现自己内心对于影视业的渴望，并毅然决然地离开了艺术学校，去追逐自己的演艺道路。当她在皇家莎士比亚公司工作的时候她怀孕了，孩子的父亲是商人詹姆斯·塔博尼克，因此她被迫休了长假。几年之后，当她带着一个 9 岁的女儿遇见蒂姆西时，她与塔博尼克的婚姻也自然地走到了终点。

或许蒂姆西会被指责第三者插足，造成别人婚姻的破裂，尽管如此，蒂姆西坚定地认为万达与塔博尼克分开对于她来说是件好事，她需要自己的帮助。这种帮助促使蒂姆西更具浪漫情调，根据《电视时代报》多年后一篇八卦文章的报道，每周一的早上一朵美丽的玫瑰就会出现在万达的办公室，无论她正在拍摄电影还是在旅途中，玫瑰总是按时送达。唯一让人担心的就是，万达 13 岁的女儿当时正处于敏感的年纪，对她来说，没有什么比眼睁睁看着父母感情走向分裂更糟糕的了。不过，通过万达的循循善诱，女儿终于理解了她的父母已经不能再幸福地生活在一起。

如果说特蕾西偏向母亲。“我认为那是因为她一直和我生活在一起。”万达解释道，“这是她安全感和各种生活习惯的来源。”当特蕾西参加她母亲的婚礼时，她还是学校里的一名学生。那是 1976 年的 4 月，万达认识蒂姆西的第六年，当时她已经怀了蒂姆西的孩子。关于妈妈的婚礼，特蕾西仅仅反对了她母亲选择的婚礼服装——背带牛仔裤。不过，那是 20 世纪 70 年代，发生什么事都能被接受。

特蕾西很期待她能有一个比她小很多的弟弟。本尼迪克特·蒂姆西·卡尔顿·康伯巴奇出生在1976年7月19日中午12点，周三，巨蟹座，出生地点是伦敦西部的汉默史密斯。他的生日还和很多巨星是同一天，比如吉他女皇布莱恩·梅、获得格莱美奖的流行歌手薇琪·卡尔、漫画家兼雕刻师约翰·马丁、发明家塞缪尔·科特以及世界顶尖的网球选手伊利耶·纳斯塔斯。

也是在这一年，欧曼兄弟乐团的巡回乐队管理员斯科特·赫林被判刑，因为他自1975年以来为欧曼乐队以及深紫乐队成员提供毒品，导致深紫乐队在不久之前因为个人原因和表演水平差而解散。如果要找一个与音乐无关的历史标记的话，或许是萨加玛塔国家公园在尼泊尔向公众开放了。

5天之后，每日镜报发表了一篇关于“万达的小可爱”的报道，不过仅仅是在不起眼的一角。这可能就是为什么英国最著名的摄影师弗雷迪·雷德要为本尼迪克特拍一组照片，并把照片标题命名为“小本向大家问好”。时至今日在看这些照片的时候，蒂姆西和万达开心的表情还是难以掩饰。画面里的万达愉快地看着镜头，蒂莫西轻轻搂着她。正中间是仅9磅的小本，他就像多数新生儿一样，平静地瞥向相机。这是本尼迪克特最早一张公之于众的照片。拍摄这张照片时，他的父母刚刚从皇家夏洛特和切尔西医院将他带到这个世界不久。

单从康伯巴奇的名字来看具有德国人血统（据说名字含义是“一个住在溪流缠绕的山谷里的人”），但是家族的传统和历史则更偏向于英国血统。根据家族历史学家黛博拉·查特菲尔德说，康伯巴奇家族的先辈在18世纪和19世纪是特别优秀的商人和探险家。本尼迪克特的爷爷亚伯拉罕·康伯巴奇（1726—1785），来自港口城市布里斯托尔，通过在巴巴多斯生产糖而建立了这个家族的财富。今天，本尼迪克特知道一个令他非常震惊的消息，许多康伯巴奇姓氏的祖先曾经都是奴隶。2006 年，本尼迪克特担任一部电影的主角，这部电影讲述了废除奴隶制度的过程，名为《奇异恩典》，本尼迪克特曾经描述他的角色——作为一个主要的管理者威廉·皮特——为他的祖先“感到惭愧”。然而，其实本尼迪克特不需要为他的祖父感到难过，亨利·卡尔顿·康伯巴奇参与过“一战”和“二战”，是一位被授予为高级海军指挥官的英雄。

相对于本尼迪克特家族，他母亲的家族则显得更加复杂，她的叔祖父亨利·文森姆曾在 1893 年因谋杀罪被指控。亨利·文森姆 14 岁时和另外一个同岁的男孩弗雷德里克·本特利奇去靠近汉普郡村庄的乡间小路采摘黑莓。在场的小孩儿说他们曾发生了激烈的争执，导致了亨利用刀杀死了弗雷德里克，弗雷德里克被发现时浑身是血，刀依旧插在他的胸口。然而在温彻斯特汉普郡的法庭上亨利仍然为自己辩称无罪。他绘声绘色地说，有第三个男孩可以为他做证，倒霉的弗雷德里克是自己撞在刀口上而死的。陪审团接受了他的辩护，判定弗雷德里克的死是亨利无意识造成的，并宣告谋杀和过失杀人罪不成立。这一事件公布在 1893 年 11 月 18 日周六的《汉普郡报》上，大标题为“走近罗姆塞的刺杀案件”，报纸上的结论是“他的贵族家庭成员很满意法庭对案件的处理”。

在本尼迪克特出生 6 个月之后，他幼小的生活再一次被《每日镜报》记录，报纸文章讲述了他母亲的电视舞台生涯。万达再一次成为万众瞩目的焦点，她觉得现在是时候回去演电视剧《英国刑事法庭》了。同时，媒体自然也很渴望去了解万达如何照顾她的小儿子。大多数父母有了孩子后都会发生戏剧性的变化，蒂姆西和万达也是如此。他们安排得很简单，蒂姆西白天在电视台拍摄《迪克巴顿》，万达照顾孩子，晚上当万达在舞台上表演的时候他便回家照顾小本。

然而，事情并非预想的那样顺利，有一次因为他们的疏忽差点儿让本尼迪克特送命。那是一个冬天，当父母都去工作时，本尼迪克特的姐姐特蕾西在身边照顾他。由于小本不停哭闹，她把小本放在肯辛顿家的屋顶上，想让他平静一小会儿。她曾经见过：当本尼迪克特大哭的时候，他的父母就推着他的婴儿车来到屋顶，这样小本就能一眼看见天空，他就会破涕为笑，然后慢慢睡去。"但是……"本尼迪克特笑着回忆说，"她当时竟然把我给忘了！非常可笑。"在把小本放在屋顶之后，特蕾西在厨房和她的朋友在一起，突然她看见窗外飘着雪花。她立即跑上楼梯，发现本尼迪克特非常平静，牙齿微微打战，但是依然在微笑。她认为在父母回来之前，必须把小本放在暖气片上让他恢复温暖，"我简直变成了蓝色。"本尼迪克特笑着回忆。

当万达再次回到电视剧《神秘博士》的拍摄时，又受到了新闻媒体界的追捧。采访中，她依旧是很爱谈及她的儿子小本。那是 1977 年 10 月，博士的扮演者汤姆·贝克是个很有趣的人，在本尼迪克特赢得福尔摩斯这个角色之前，他自己遐想或许有一天会成为该剧的第十一个博士，然而这个角色被马特·史密斯获得了。《神秘博士》中万达登场的那集被命名为《看不见的敌人》，在这一集中介绍了博士最后的朋友电子狗 K-9。那时本尼迪克特出生仅仅 15 个月，并不能在荧幕前观看这部流行的科幻电视剧。万达告诉记者："对于《神秘博士》我唯一的遗憾就是，本太小以至不能看它。"

两年后，小本依旧看不懂《神秘博士》，而且又有了新的疑惑：他对圣诞老人感到很不解。根据万达的阐述，当她领衔主演一部很受欢迎的电视剧《堕落英雄》时，本尼迪克特才终于理解了圣诞老人，并对此表现得十分兴奋，“但是他还有一点疑惑，因为他的朋友曾经告诉过他看到过两个不一样的圣诞老人，他不能理解为什么圣诞老人会有两张脸。”还有一件事他很担心：如果圣诞老人从我家的烟筒钻下来，他会落在火炉上。

正如不少 3 岁的孩子一样，本尼迪克特想法超前并且时常做出一些好奇的观察。万达的解决方式很简单，她会告诉小本，全家会在布莱顿的外婆家度过假期，火在圣诞老人到来前就燃尽了，到那时就会有一个旧橄榄球袜子摆在他的床上，那就是圣诞老人给他的礼物。

无疑，对童年的本尼迪克特的描述非常有趣。他的妈妈回忆道，他是一个特别体贴、善良的孩子。但是 2012 年 8 月，皮特·斯坦福在《每日邮报》中对本尼迪克特采访时，他本人说自己小时候是个“过度多动的噩梦”。他承认那段时间她的母亲为他的行为感到困扰。1979 年一次在家中的采访刚刚结束，万达为他儿子“邪恶”的行为感到非常不好意思。虽然蒂姆西已经尽他最大的努力去另外一个房间招待“狂暴的本尼迪克特”，但是采访的记者描述那个“能量无穷的坏小孩儿”依旧把客厅弄得像一个体育运动场。

在这之后的几年，看起来小本的情绪到了可以掌握的程度。母亲的好朋友乌纳·斯塔布斯到他家做客的时候，他的行为举止就表现得特别好。她是一个通过陶克里夫·理查德的《夏日假期》和《美丽人生》而被众人所知的演员。之后十年，她做了阿尔法·加尼特的儿媳妇，她与万达合作过很多影片。许多年过去之后，她又和本尼迪克特合作出演了《神探夏洛克》里面的哈德森女士。她记得当年在肯辛顿附近一带推着婴儿车和万达逛街的时候，“万达和我聊天，可怜的小本在旁边等着，我们就这样在大街上闲聊了不知道多少个小时，那时候他也就 4 岁。”

多么平静的一段回忆，却很少被媒体新闻记录下来。在本尼迪克特的生活中，除了演戏，经常是毛骨悚然或者胆大妄为的事情。他从小就是个我行我素的孩子。美国女演员伊布莱恩·斯特里奇曾大胆预言说本尼迪克特将会成为一个成功的演员。“当我还是个小孩子的时候，她就预测我未来的生涯。”本尼迪克特笑着说，“她看见我穿着红色的粗布工作服走过牧场，对一头公牛视而不见。‘那个男孩，’她拉长了音说：‘将会成为一个出色的明星！’”尽管本尼迪克特当时还太小，不能意识到他独特的气质有能力去改变他未来的一切！

或许万达发现，作为一个母亲，她很难全身心投入演艺生涯中，她不想错过孩子的童年，“本明年就要上学了，而我去年因为拍摄《堕落英雄》离开家很长时间，所以今年我要花尽可能多的时间去陪他，我推掉了很多工作，尽管那些工作只需要我离开伦敦几天时间。”的确，本尼迪克特与父母之间的这条纽带显得十分紧密。就是现在，他们也经常会去儿子工作的舞台或者片场去看他。

本尼迪克特的童年几乎都在大众的眼中度过，更难让人打消他是因为父母的名气而成为一名演员的认识。但并非他所有不成熟的举动都和他童年时期的行为一样。2005 年，英国广播公司官方媒体文章中报道，他留给面试官忍俊不禁的印象。在面试的过程中他紧张得坐在自己的手上，腿上下抖动并发出不能控制的咯咯笑声。他还不能完全掌控自己，就像小时候学校的检测报告说的那样——“本已经做得很好了，但他必须尝试克制自己少发出噪声，这是一个好的开始，我们希望下一学期本会更加冷静。”

“能说会道”和“精力充沛”或许是最好的形容本尼迪克特童年的词汇，这也在2010年的一个广播脱口秀中被他的妈妈证实了。“他总是用很大的声音说很多话，虽然很有感染力，但他也经常犯困。”在同样的采访中，本尼迪克特对此表示赞同，但是他也承认，“如果我没有睡够8小时那么我会变得脾气暴躁，但是能睡够8小时在成年人的世界里又显得特别奢侈。”

另一件奢侈的事是，作为一个年幼的孩子被允许在假期陪着父母进行一个为期六周的舞台剧之旅——在母亲演出的时候可以在舞台两侧观看。据万达回忆，“我可以听见他的笑声，他当时实在太激动了，站在那边浑身颤抖。他说，‘我真希望可以跟你一起在舞台上’。”之后盖里·奥德曼在为《采访》杂志访问本尼迪克特时，他激动地说：“我曾去拜访我的母亲，那时她在斯坦福，她让我站在舞台上，这一切深深地吸引了我，给了我真正的能量去思考如何与这个舞台交流，这比我回家喝杯茶和朋友一起聊天更有意义。”根据本尼迪克特的回忆，那是舞台剧给他的第一印象。如果说演戏是一张拼图，那么当他仅仅看到这块拼图中的其中一块时，就深深喜欢上了它。

观察技巧也很重要，一些了解本尼迪克特的人表示，他的观察技巧进步迅速。其中一个演员曾说，作为一个年轻人，他有着喜欢研究身边人的特点。在2010年7月《卫报》杂志的采访中，本尼迪克特回忆到他和父母在一起的日子，“因为住在肯辛顿皇家公园酒店，这里的每个人都是那样的演员，所以我非常着迷他们在做什么，但是我太年轻，很多事情我也不是很理解。我经常通过门缝倾听成人的世界。”当他变得更出名，在街上会被认出来的时候，他为他再也不能悄悄观察别人而不被发现感到很沮丧。“我害怕工作太多以至没有时间去观察，并且如果你被认出来了，你看的任何东西都将毫无意义，你不可能再乘坐在一辆夜班巴士里去观察周围的人。”

同样，他有时也会拒绝在学校表演。据他回忆，早期在学校出演一个名为约瑟夫的角色时，他因为把玛丽推下舞台而“臭名昭著”，因为“他为她任性的表演感到很不耐烦。”虽然这一举动获得观众的大笑，但是娱乐大众并不是他的本意，他只是想让表演按照该有的方向进行。在本尼迪克特那么小的时候，最关心的就是表演本身而不是观众的反应。“父母觉得此事很羞耻，但当时我把她推下舞台实在是因为她的话太多了，唉，这个女演员！”多年后他在伦敦舞台官网上和达伦·达格利什半开玩笑地说。

那时候，本尼迪克特依旧是很多人的噩梦。在布兰伯特，他大多数时间都是一个行动鲁莽的人。他几乎每天都要打架惹祸。最后，老师不得不让他参加体育和表演社团，这需要极强的自我管理能力。小时候的躁动还可以归罪于精力旺盛，但是他当时已经 13 岁了。每个人都犹豫要不要让本尼迪克特就读于他们的高中。这个狂野的年轻人需要被驯服，他需要组织性和责任感——后来他在哈罗公学学到了这些。

当本尼迪克特的父母被告知他们的儿子终于在学校里面稳定下来时，他们非常兴奋。8 岁时小本进入了布拉姆布雷泰学校成为一个寄宿生，那时没人知道他能不能处理好上学这件事。学校的地理位置极好，在西苏塞克斯拥有 140 英亩的土地。现在这所学校被改造成专收 2 岁半到 13 岁孩子的预科学校。这所学校最吸引人的特点是为孩子们提供小班教学，让他们为考取市里最顶尖的中学做准备，这里提供更多的机会让学生们探索和发展自己独有的技能。学校的工作人员有热心和奉献精神，让每个就读的孩子都深受鼓舞。

一开始，本尼迪克特猜测他作为一个来自城里的孩子会舍不得离开伦敦。他家楼顶的平台可以看见直升飞机从查尔斯王子和戴安娜王妃靠近肯辛顿的家起飞降落。但是他的父母觉得，只有郊区的学校才可以给他稳定的感觉。如今，这个自控谦卑、举止优雅的本尼迪克特简直是脱胎换骨。

若干年之后，他依然非常高兴和人分享他在学校出演第一部莎士比亚舞台剧的趣事。他从扮演《仲夏夜之梦》里博顿这个角色中获取了很多快乐，当他回顾学校杂志《本尼迪克特·康伯巴奇的博顿会让人永不能忘怀》，以及看到当时的那些照片后，依旧笑得很开心。

当时，蒂姆西和万达在众多建议中考虑了很久，最终选定伦敦东北部这座有400年历史的私立学校，但是他们能否负担起那里的学费呢？虽然他们工作顺利，也经常忙于电视、电影以及舞台剧的表演，但是他们挣不了很多钱。同样他们也意识到，演员是一个不稳定的职业，就像很多演员一样，或许下一个作品就是他们最后一部作品。

蒂姆西来自一个清贫但卓著的海军外交家庭，这笔相当于普通工人家庭一年工资的学费对于他们来说也是件令人头痛的事儿。可峰回路转，有时候好运来了挡都挡不住：本尼迪克特顺利通过了入学考试并且获得了艺术奖学金，为第一年的学费减轻了很多负担。其次，他的祖母自掏腰包为他缴清了剩余的学费，这一切充满了转机。此外，万达还获得了一个她特别喜爱的角色——卡珊德拉的母亲——帕梅拉·帕尔，这是佩卡姆的情景喜剧《只有傻瓜和马》里的著名角色。领衔主演的还有大卫·詹森和尼古拉·林德赫斯特。本尼迪克特也因此走入了一个不同的世界，多年后他成为这所学校的一个传说，并且被选举为这个乡镇八个首要代言人之一，其他代言人还有罗布特·皮尔和温斯顿·丘吉尔。

这里的文化让人震惊。每个人的家庭环境都很优越。“从各种标准衡量，我在班里算是个中等生。”他回忆道，“我周围是罗斯查尔德的儿子，侯赛因的儿子，高官、贵族在我身边比比皆是。他们家里有巨大的财富，假期可以去阿斯彭，而我只能去看望在布莱顿的奶奶。”

但是孩子们都是差不多的，每个人都遵守规矩，大家都参加很多社团活动，正如布兰伯特的校长所说，这恰巧是多动的本尼迪克特所需要的。本尼迪克特回忆时说，哈罗公学或许是霍格华兹和《燕子与鹦鹉》的完美结合。虽然在开始的时候也有一些不适应，不过当本尼迪克特毕业时，他不仅在这里迅速成长，也获得了非凡的经历。他后来告诉《每日邮报》的记者本杰明·沙查，“这里真正适合我，彻底改变了我，影响了我。”

作为家里的独生子，本尼迪克特很喜欢交朋友，尤其是运动员，他发现他们很容易相处。“我当时很爱社交并且发现了一群我从没接触过的小伙伴，我非常爱那个地方，”作为一个艺术生，他花了很多时间去绘画，而他们却花很多时间去练习板球和英式橄榄球。本尼迪克特非常渴望登上舞台，虽然他早期的角色有一些尴尬。他记得初次在《仲夏夜之梦》登场时，舞台下发出低沉的笑声。那时的他还不是喜剧角色博顿，而是小仙女提泰妮娅。之后平静了一段时间他再次回到舞台，出演《皆大欢喜》，这一次他扮演罗莎林德。一直以来，他都被鼓励去上台表演从而发泄了他多余的精力。“这样可以压抑他身体里那个躁动的本尼迪克特。”

哈罗公学曾经这样号召大家：这里是一个全部都是男生的学校，所以要有人扮演女生的角色。因为正在变声期，本尼迪克特的声音经常沙哑，需要好一段时间去恢复。幸运的是，他在橄榄球比赛中的勇猛发挥，让其他男生不再嘲笑他表演女生的行为。事实上本尼迪克特没有在舞台上浪费任何时间，他对于表演的态度是十分严肃的。如果他要演一个女人的角色，那么他会尽他最大的努力去演。他笑着说:“我演的罗莎林德被戏剧老师评价是继瓦内萨·雷德格雷夫之后最好的。”戏剧老师马丁·迪勒尔称本尼迪克特“是我合作过的学生演员里最出色的”。“有一次他的嗓子破音了,然而他依旧努力地高喊,他可以演绎的角色十分宽广。”

通常哈罗公学每学年会培养 20 个演员,这为本尼迪克特提供了大量的舞台表演机会。他饰演了很多角色甚至还包括老人,如《售货员之死》中 60 多岁的美国老女人威利·洛曼被他饰演得格外出色。饰演的 特伦斯·拉迪根的戏剧《白朗宁版本》中的作家克罗克·哈里斯,被他称作学校作品中“第一个夸张又傻气的角色”。“当时我的工作是让学校领导们的老婆感动到哭泣。”他变成了一个出色的模仿者。本尼迪克特的姐姐特蕾西回忆道,“他的模仿能力真是越来越好。”特蕾西还说本尼迪克特可以模仿她,他们的母亲,学校的老师甚至哈罗公学庄严的校长。

有两组照片显示他 1990 年在哈罗公学学习时的生活,一组是戴着守门员手套的金发男孩,代表着本尼迪克特体育方面的生活。另一组照片是拍摄在一个青年戏剧秀上,本尼迪克特戴着他的“老鼠”领带与著名的剧作家拉迪根的合照。拉迪根不仅也是哈罗公学的学生,凑巧的是,他们住的学校宿舍是同一间。

在哈罗公学将近五年的学习之后,本尼迪克特犹豫将来是做一个更加专业的演员,还是做一个常规的政治家、学者或者商人。这些问题在很长的一段时间里在他的脑袋里盘旋。他在思考,面临一个令人吃惊的机会时,他该如何选择。正如在此之后,他本拥有一个可能会一炮而红的角色,他却不可思议地拒绝了它。

第三章

# 擦肩而过的机会

SOUL OF

SHERLOCK

BENEDICT CUMBERBATCH

那是本尼迪克特在哈罗公学的最后一年，学院奖提名作家以及身为导演的安德鲁·伯金去学校拜访，为他近期的一个项目招聘演员。这个项目是根据伊恩·麦克尤恩的争议小说《赛门花园》改编的电影。作为这里曾经的学生，麦克尤恩知道，可以从学校剧团挑选出最好的演员。他提前告诉了老师们，鼓励最有天分的学生来面试。本尼迪克特是最早得知这件事的人之一，但他的决定让所有人大吃一惊，他放弃了这个机会。学校对此是最为疑惑的，如果他被选为其中的演员，或许就可以让毫无名气的本尼迪克特一夜之间成为家喻户晓的新星，与此同时他的职业生涯将会有一个飞跃性的进展，那是每一个人都渴望的事情。

不仅如此，参演那部电影的明星也是很难遇到的，尤其是当你没有经纪人或者自己的作品集，也没有丰富的专业经验的时候，这个机会就显得格外稀有。本尼迪克特也有他自己的理由。他不想为了某种利益而参演一部有争议的电影，虽然这部电影很有可能获得票房冠军，但是这就打破了他所追求的东西，打破了他的原则。他不想参与这部电影的主要原因还在于，这部带有成人主题色彩的影片甚至包括不伦之恋，甚至有些镜头需要全身赤裸，这让他的态度十分谨慎。与其面对一个他没有把握的风险，还不如选择放弃。“在那个年纪我十分注意体面，我不想脱掉我的衣服，我害怕，不想让任何人去看那个样子的我，所以我放弃了面试。”

丽贝卡·阿尔，这名女演员最著名的角色是在2008年罗恩·霍华德的票房巨作《对话尼克松》中出演的卡罗琳·库欣。她第一次遇见本尼迪克特是在她 8 岁时。根据丽贝卡的描述，本尼迪克特比她大 6 岁，长得干净清秀，“他是那种，你见过一面就可以想象出他中年时候会长什么样子的男生。”她又补充说他的样貌可能会改变，但他的人格已经趋于完美了，就算当时他还是一个男孩儿，却已经有了自己的做人原则。“本尼迪克特是一个独立的人，他不会去趋附别人，他只想做自己。”

这个疯狂的孩子似乎被认定要跟随父母的足迹成长。他似乎想证明些什么。在那段时间，当他考虑在哈罗公学毕业后何去何从时，他第二次与死神擦身而过。一天，他在家里复习他的高中考试科目，突然随着一声爆炸整个房间震动起来，窗户瞬间全部破碎，巨大沙尘包裹着他。“我边跑出房间心里边想‘完蛋了！’我的父母着急地问我‘你怎么样？’而我当时一只耳朵不能听见任何声音”。那是 1994 年一起针对以色列大使馆的恐怖袭击，一辆装有大量的爆炸物的汽车爆炸，造成了 30 人受伤。本尼迪克特回忆着：“那是一阵震耳欲聋的恐怖声音。”

18 岁，高个子，热爱体育运动，刚刚从一场爆炸中逃离出来，这个年轻人决定寻找一些完全不一样的挑战，他想暂时摆脱现在这一切，去寻找新的方向。那个方向在伦敦的一个高档市场，彭哈里根香水屋的柜台后面，那个方向也在很多当地餐厅里，或许很多顾客依旧记得一个又高又瘦、有着一副英俊长相、一头褐色的零乱头发的服务生。本尼迪克特凭自己的能力尝试赚尽可能多的钱。他找到了一份在印度修道院教英语的差事，他认定这会是一次“奇妙的经历”。本尼迪克特去了印度西部的大吉岭义务教授当地人英语，这给了他在工作期间去观察这些修道人的机会。

印度带给本尼迪克特又一次接近死亡的经历。他在徒步旅行中与朋友走散。当时他们四个人身上仅带了一些小饼干和芝士，本尼迪克特记得当他们走在悬挂着冰锥的岩石断层上时，“坠落的冰锥差点戳断了我们的脖子”。他们自欺欺人地鼓励自己说，“看看我们可以与现实社会离得多远”。最后，他们历尽艰辛，穿过一片森林，终于找到一个夏尔巴牧民的家，牧民为他们做了不太卫生的食物，他们吃完那些菠菜和肉就不停地闹肚子，但是时至今日，本尼迪克特依旧认为，那是他吃过的最好吃的食物。然而第三次差点走失使他有了后遗症，他常常觉得自己正在走向死亡。

当本尼迪克特回到英国时，他重新描述了这段有点粗糙的时光，但他还是肯定这趟旅行非常值得，因为他学会了冥想和反省。他说："这种能力让他更加专注，更能体会自己内心中最单纯的想法，进入这种状态就不会被任何事情打断。这种能力让他去用心感受身边的一切，去了解自己的位置，并用自己有限的视野去理解身边每一个人，什么特别重要，什么又微不足道。"

有一次，当本尼迪克特回到英国的家里，他突然产生了当一名律师的念头，这是一个收入高并且稳定的工作。他相信，这可以为他提供真正的稳定而优越的生活。但是，能真正摆脱深埋在心里的演员梦吗？他能放弃给了他很多的荣耀和享受的舞台吗？他能转过身对他的所爱视而不见吗？作为一个律师会将他从娱乐的聚光灯下拖出来。在经历很多心灵的对话后，他终于意识到他无法放弃演艺梦想。并且他越去学习法律，他就越觉得他想要的是演戏。尽管他的父母给了他很多建议和忠告，并给了他很多试镜的机会，但是几乎都被他拒绝了。本尼迪克特要么就坚定地按照他自己的方式走，要么就干脆不做。这次从印度回国后，他又去了曼彻斯特大学攻读戏剧。在他的记忆里，那段日子充斥着女孩儿和酒精。“我是一个曼彻斯特大学的学生。”他笑着回答，这句话是对那段狂野岁月的调侃。“我第一年就病倒了，不得不收敛点。”从曼彻斯特大学毕业后，他又去了享有盛名的伦敦音乐戏剧学院学习并取得硕士学位，就此开启职业演员的道路。

本尼迪克特并没有让他父母帮忙找工作走捷径，他想摆脱这种家庭背景给予他的“特权”。在曼彻斯特大学，有超过5万名师生。他选择来到这里正是因为那个简单的原因，“我想逃离父母对我的影响，去寻找一些不一样的、平等的、仅属于我自己的东西”。

这段时间的学习也给了他特别的经历。“我们在监狱做了一个实践课程，这意味着去了解刑罚系统和复原暴力机构，然后我们用奇怪的方法做了一个为期一个半月的项目，两个行刑设备和缓刑法庭。”他解释道，“一个有着很长名字的时髦小子在这种环境里是非凡的。”这仅仅是很多重要试验中的一个，但是这些试验使本尼迪克特在演技上有了更深的领悟。

本尼迪克特在曼彻斯特生活的这段时间发生了三件大事。

第一件事，过度劳累和过大的压力使他得了腺热。很多人这辈子都无法想象这种疾病带来的巨大痛苦，本尼迪克特的病症频繁发作，他的病情更加复杂。他的免疫系统遭到严重破坏。

第二件事是他遇见了奥利维亚·波莉，爱情的滋润化解了他狂躁的情绪。奥利维亚也在曼彻斯特学习戏剧，之后她在国家青年剧院演出了一段时间，便开始了专业的演艺生涯。奥利维亚的第一部电视剧《账单》是在2001年她毕业之后上映的。紧接着，她在《老师》和《教子有方》中赢得出演机会，她饰演了年轻的卡梅拉·帕克·鲍尔斯。在浪漫题材电视剧《爱就是一切》中，她与劳伦斯·福克斯演的查理王子演对手戏，这让她在2005年造成了不小的影响。大多数评论家一致认为她演的这个年轻性感的卡梅拉近乎完美。之后她在《玛格丽特》中出演卡罗·撒切尔，这是一部由琳赛·邓肯领衔主演的讲述玛格丽特·撒切尔夫人的自传体电视剧，2010年，她在《神探夏洛克》第一季第二集《盲目的银行家》中客串死者的朋友“簪子姐”。

奥利维亚生在伦敦西南的帕特尼，比本尼迪克特小两岁。她生长在一个“成就卓越的家庭”。她的奶奶，斯塔拉·汉密尔顿在唐纳德·沃尔菲行的公司工作；她的母亲是一个法官；她的哥哥吉米是在德国工作的神经系统科学家；她的父亲放弃在网上卖顶晶玩具之后，转行做管理顾问直到2008年去世。奥利维亚在女子学校帕特尼高中演出时，最开始也会经常扮演一些男性角色，她本人总结的原因是“她宽阔的肩膀和高个子”。在性格方面，一些熟悉她的记者评价她是聪明、幽默、没有距离感的“欢乐的曲棍球棒”。

她写的剧作与她的舞台表演同样为众人所知，奥利维亚与戏剧演员莎拉·索罗曼妮合作写了很多剧本。比如，她们一起为爱丁堡边缘地区创作了《禽流感日记》和《荒寂地带》，并且为英国广播公司写完了女性主义题材的喜剧。像她的演员朋友米兰达·哈特和凯瑟琳·塔特一样，奥利维亚知道塑造自己的性格是多么重要。“这是很好的释放。当你写作时，你可以天马行空，你可以随心所欲地写你认为对读者很重要的事情。”她还完成了一部剧本《吵闹女孩》，这部剧本改编自四个女孩划船横渡大西洋的真实故事。“我认为这个故事很美，充满了幽默感，完全能吸引观众。它不像那些表现大男子主义的作品。它赞美了女性的坚持，探究是什么原因能让四个女孩不顾一切划行3000多英里横渡大西洋。”

第三件事是本尼迪克特在曼彻斯特大学就读时，一次，父亲来看他，他刚好在竞选学校里的一个角色。很多年过去了，本尼迪克特和他父亲经常为了某一个角色、某一种表演方式持不同的意见。或者是本尼迪克特在《拜金一组》中出演的里基·洛玛，又或是在《莫扎特传》中演的萨列里。但不管是哪一个角色，之后发生了一件事让他们达成了一致。在本尼迪克特动情地演出过后，根据当时在场者的回忆，当本尼迪克特在电影院的停车场向大家挥手告别时，很多人都情绪高涨，眼泪横流。本尼迪克特依旧记得他父亲当时对他说，"你做了一件了不起的事"，"你已经超越了我，甚至超越了我的表演极限，你可以靠表演为生了！"父亲的一席话让他很吃惊。这能成真吗？本尼迪克特可以靠当演员为生吗？当时的他仍然不敢相信。"父亲给予我的祝福，让我变得更加坚定。当时我在曼彻斯特刚演完舞台剧《莫扎特传》，我饰演萨列里一角。他说了让我热泪盈眶的话，这番话对于一个孩子来说影响巨大。"

毕业前一天，抉择的时候到了。他曾在哈罗公学的最后时刻失去了一个参演电影的机会，看起来本尼迪克特要再一次放弃更好的机会。他并没有准备好找一份全职的演员工作，他更愿意默默无闻地站在他的朋友和同学之后，比如他的同学詹姆斯·麦卡沃伊打破面试怪圈获得在《末代独裁》和《通缉令》中出演主角的机会。本尼迪克特不为所动，决定再去深造一年。

他知道表演是一项需要不断努力练习的事业，绝不能急于求成。布景师麦克·霍尔特对本尼迪克特在曼彻斯特大学的学位论文感到惊讶。霍尔特完全理解这个年轻人，他申请了伦敦音乐戏剧学院一年的课程。很多名人从这所学校毕业，从莫林·李普曼到《普瓦罗》中的大卫·叙谢。伦敦音乐戏剧学院最大的亮点是紧密的实践课程。这里的学生被灌输，要重视实际工作的机会，要尝试在各种试戏的道路中艰难前行。本尼迪克特从他的生活经历中得到成长，他热爱表演课程。他付出了巨大的努力，提升了自己的表演技能——表演课老师对他的专业评价很少有差评。

当他寻找经纪人的时候犯了一个错误。那个自称“有着傻名字的时髦小子”觉得本尼迪克特那带有光环的背景可能会对自己的事业不利。他的父亲曾经因放弃康伯巴奇的名字而获得工作，因此本尼迪克特决定如法炮制。他舍去了自己的三个姓氏。因此在他伦敦音乐戏剧学院毕业典礼时，他简单称自己为本·卡尔顿。

本·卡尔顿，当然大家都没听说过这个名字。他的经纪人把这个听起来有点古怪的名字放在简历列表中所有的分类里供所有演艺公司参考。但没有任何一家公司打来面试通知的电话。在几个月颗粒无收之后，他决定换一个经纪人。当本尼迪克特跟他的新经纪人说他的全名时，他的新经纪人出乎意料地喜欢这个名字。“我的新经纪人建议我改回来。”“我原本觉得本尼迪克特·康伯巴奇这个名字有点凌乱和无趣，但是他跟说我这是一个很棒的名字，会让大家过耳不忘”。

本尼迪克特当时依旧不能说服自己改回原来的名字。最后他决定，这不是他目前该考虑的问题。如果这个自信满满的新经纪人认为六个音节的本尼迪克特·康伯巴奇会有作用，那么就让时间来证明吧。

在哈罗公学和曼彻斯特小试牛刀之后，这一次他重新起航，本尼迪克特已经准备好了面对未来一切艰难困苦。他幸运得几乎是立刻得到了一个角色，在“长寿”电视剧《心跳》第十三季中出演一个小角色。这是菜鸟演员们通常会做的第一步，这种暂且能维持生计的工作，他的父母已经做了很多年。

但是这种情况一直持续到 2001 年，当新人本尼迪克特已经年近 25 岁的时候，他得到第一个真正意义上的突破。当时他在伦敦摄政公园露天剧院应聘一个角色。那是一个专为莎士比亚的剧作而搭建的规模宏大的露天舞台，然而演员很容易被天气干扰，或者是远处传来的车鸣，又或是低飞飞机的引擎声。本尼迪克特在《爱的徒劳》中饰演纳瓦拉国王并在《仲夏夜之梦》里扮演德米特里厄斯。这是两个被无数演员演绎过的大角色。对于本尼迪克特来说，这件事是很不可思议的。然而，他专业的处子秀诠释出了与众不同的角色内涵，从而征服了在场的所有观众。他承认他真的不敢相信自己凭此被提名为 2001 年伊恩・查尔森奖的最佳表演奖。

本尼迪克特终于按照他的方式出道了，但是他也遇上了一些难关。一天晚上，他脆弱的身体又出毛病了，他再一次失去了他的听力，不得不让他的替身接替他登上舞台。他记得那一天，他痛苦得在屋里踱来踱去，他责备自己让很多人失望了。

这场事故并没有阻止他参加 2002 年夏季的开放剧场演出，在那次的音乐会上他唱出了他的心声《多可爱的战争》。本尼迪克特除了在公园表演，他也会去很多地方试镜，也得到了很多电视剧中的小角色。像悬疑剧《无声的目击者》，还有英国广播公司关于女同性恋题材的电视剧《南迁的情史》，通过这一段时期的演出，本尼迪克特感觉自己的职业生涯简直是他父母的镜像。本尼迪克特一直在按照他自己的方式努力，像其他这个年龄的人一样，他似乎过得非常苦闷、迷茫，但也收获颇丰，至少他在这一行业里站稳了脚跟，通过不停的试镜、锻炼，提高自己。《剑桥风云》是一部谍战题材电视连续剧，本尼迪克特在片中获得了有几句台词的记者的角色。在简短的场景里，他饰演的英国记者爱德华坐在昏暗的酒吧里调查西班牙内战的情况，并提供了关键情报。尽管只有寥寥数语，但是最后一句“欢迎来到西班牙”给人们留下了深刻的印象，他低沉的伦敦腔像美酒一样让人沉醉。同期他还有一个重要的角色是在 BBC 的大作《敦刻尔克大撤退》中饰演一位英勇的中尉。《星期日时报》这样评价这部系列纪录片：“三小时的苦难、绝望、英雄事迹与战场混乱……英国在 1940 年 5 月极度濒临输掉这场战争，当在法国的英军被迫退到海岸，英国的命运悬而未决达十天之久……英国人企图拯救被围困在敦克尔克的 40 万大军，俨然是史上最重大的海路撤退行动之一。当希特勒的军队出乎意料地从比利时突围，英国远征军随即发现退路被切断且被敌军包围。如果希特勒乘胜追击，或是如果英国当时的新首相丘吉尔，听从哈里法克斯爵士以及那些想要居中调停的人的建议，战争将会立刻结束。反之，在这场军事史上最辉煌的救援行动中，英国在十天之内成功撤出 33 万 8000 余人。这部电视剧对代号‘发电机行动’的军事计划阐述独特的观点。当事人配上档案、照片、地图与评述，以被围官兵、奉命前往援救的人以及未被救出的官兵的多重角度，忠实重现震撼人心的历史故事。”

本尼迪克特在片中演吉米兰格利中尉。撤退计划进行到第 10 天，即 1940 年 6 月 4 日，德军占领了敦刻尔克地区，6 万 8000 英国远征军和 4 万法军战死或被俘，但最后一批皇家海军舰艇回到英国的时候，标志着英国人为未来 5 年对德战争保留了大量战力。吉米兰格利中尉是最后一道防线的连长，也是最后撤退的英国官兵之一。他直面敌人，骁勇善战，近乎冷酷地执行上级的命令（按指示射杀了逃兵），为了坚守最后的防线他不能崩溃。战地医生陪同不能撤离的伤兵（上级命令先撤健全的士兵），除了能为他们点一盏十字灯，只能祈祷德军的宽待。敦刻尔克大撤退是第二次世界大战历史上西欧战事的转折点，虽然盟军在德军的猛烈进攻下迅速崩溃，但也得到了喘息的机会，英国没有投降，这才有了后来的对法西斯的反攻，才能守护和夺回他们的家园，才能取得欧洲战场的最终胜利。

他演得很努力很用心，但总觉得差一点运气。然而，在28岁的时候他摆脱了这种忧郁，本尼迪克特赢得了改变他人生的角色，饰演物理学家霍金。从这一刻起，在职业生涯方面他与父母开始拉开距离，那也是他真正“疯狂”的开始。

第四章

# 初试好莱坞

SOUL OF SHERLOCK

BENEDICT CUMBERBATCH

英国广播公司要拍史蒂芬·霍金自传的消息引起了人们的质疑，许多业内人士都感觉一部 90 分钟的人物传记很可能会没有市场。一个物理学家的一生足够精彩吗？身体慢慢被疾病（肌肉萎缩性侧索硬化症）吞噬的过程能吸引观众吗？将人慢慢走向死亡的过程拍出来真的没问题吗？事实证明他们的猜疑是多余的，《霍金的故事》这部电影取得了前所未有的成功。它讲述了这位在 21 岁被诊断出运动神经元疾病的剑桥物理学博士，在被告知只能再活两年的时候，凭借坚强的意志击败了疾病，并且取得了巨大的科研成果，从而震惊世界。

在本尼迪克特总结《霍金的故事》时，那些持怀疑态度的人依旧消极以对。本尼迪克特解释道，“不要怀疑，这是一部关于希望的故事，一部讲述重压之下如何让人生开出花来，如何战胜不幸并且在这种环境下怎么保持一颗乐观之心的影片。我们只能从中窥见霍金有限的一方面，但永远无法丈量他思想的高度。”

有趣的是，所有竞争这个角色的候选人被安排在一起试戏，原因非常简单。“我们得理解霍金，从声音到说话方式必须像霍金本人一样，挺有挑战性的，但是我毫不费力地就做到了，并且给大家留下了深刻的印象。实际上剧本里写得很清楚。霍金说话很轻并且像聋哑人那样用软腭发声，无规律的变调，因为舌头失去了弹性所以发出声很有元音性。”本尼迪克特在 2004 年四月接受《时代周刊》采访时，向尼古拉·克里斯蒂这样解释道。

本尼迪克特开玩笑说那种声音与他喝醉时发出的声音像极了。这是典型的本尼迪克特接受采访的风格，他经常去解释他对一个角色深层次的理解，但是如果本尼迪克特觉得他讲得过于严肃就会附加一个笑话。他的回答让人很容易理解，就算不是一个专业演员，普通观众也会明白他是如何去争取一个面试，或者如何运用表演技巧，去揣摩一个角色的。

在出演《霍金的故事》之前，本尼迪克特做的第一件事就是去拜访霍金本人，同时阅读关于他的学术著作，并且向伦敦音乐戏剧学院的运动学教授请教。本尼迪克特回忆说："与霍金会面很不容易，你必须要做好充分准备向他提问些什么或者与他交流些什么，他需要付出惊人的努力才能与你交流，你会想'我真的不想浪费他的时间'。"

本尼迪克特还联系了运动神经元疾病协会，并且拜访了三位有不同症状的运动神经元疾病患者。为了让这个年轻人更好地模仿患者，在征得所有人同意的情况下，他们破天荒地允许本尼迪克特拍摄病人的生活。他们还告诉本尼迪克特一些自己的经验和感受。"他们非常坦诚地向我讲述开始发病的时期，身体上和情感上的变化。他们能做到这一点也是非常勇敢的。"

尽管很多演员开玩笑说他们的工作很简单，"你只需要在聚光灯下背背台词，不要到处乱走就好了。"但是，扮演霍金对本尼迪克特没有那么简单。在《霍金的故事》中，有很多场的戏他需要站在黑板面前兴奋地挥舞着粉笔一气呵成地写下一大堆让人眼花缭乱的公式，而且这些公式必须保证是正确的。"有些较真儿的观众会停下来反复看，不放过每一秒。他们时刻准备挑出那些穿帮镜头，可是他们最终一无所获。记住这些公式真的是很难很难，"本尼迪克特回忆道，"另外一个挑战就是不要让这些困难去影响我对角色本身的把控。”

“要真实地演绎出他早期生涯，让我感到荣誉与责任并存。他曾遭受到太多变故，却仍然拥有一个完全清醒的头脑，即使他的身体被彻底束缚。我想准确地展现出他病情发展的不同阶段，以及此时他的不安和恐惧。有许多十分明显的细节，例如站在楼梯顶层往下走要比平时难得多。这样的感觉成为他的障碍，也使得他变得更加坚忍不拔，我想他更年轻时就是这个样子——迎难而上，然后默默审视结果。毫无疑问，这个男人成为了这个时代最聪明头脑的代言人。”

在正式拍摄之前只有一周的排练时间，本尼迪克特感到“每一天都会有一点点进步，这让我有了更多的自信。”快速在黑板上写出数学公式是他面对的另一个可怕的测试。一位霍金教过的学生给予了他巨大的帮助，这个学生曾经参与了很多霍金主持的项目，他提醒本尼迪克特“把这些材料全抛在脑后，正式开拍的前一个晚上再拿出来看看”。在荧幕上，本尼迪克特自如地阐释霍金的思想看似很简单，然而凭借的都是作为一个优秀演员的戏剧才华。虽然记住这些科学理论简直让本尼迪克特发疯，不过在掌握了这些物理运动和数学规律之后，他的表演使大家耳目一新。

影片开始于1963年1月的圣奥尔本斯，古老的英国小镇的夜空中寒星点点，浩瀚的天宇闪耀着奇异的光。在霍金的公寓里，一群年轻人其乐融融，这是霍金21岁的生日派对，与霍金相识不久的女孩儿简·王尔德受邀前来，两人一见倾心。他们躺在公寓外的草地上仰望星空，讨论着宇宙、时间与信仰，为瓦格纳的音乐风格喋喋不休，腼腆地哼唱披头士的情歌。本尼迪克特把霍金此时带有的那种年轻人的傲气以一种腼腆的方式表现出来，恰如其分地演绎了一个年轻人对权威的不懈与对未来的希望。

想象一个21岁的年轻人，正在申请剑桥大学的研究生，正值青春年华、雄姿英发、骄傲出色、卓尔不群，他就这样结识了可以共度一生的姑娘，突然发现自己渐渐失去了对身体的控制力，被诊断出运动神经元疾病，理论上就只有两年的生命了。这在霍金心里肯定掀起了一场风暴。经历了一系列痛苦的考验后，霍金平静地接受了这一切，他想在父母来看望他之前做好充分的心理准备。他孤身一人在医院的病房中听着医生给他解释运动神经疾病的发病过程。本尼迪克特的脸仿佛重现了当年霍金得知这个消息时候的样子，完全捕捉了霍金的神态。他的脑子依然会不受影响地运作，但是身体的其他部分都将会罢工。在这场台词不多的重头戏中，本尼迪克特的表演把霍金当时的想法和情感表现得淋漓尽致。

他在本片中奉献了三场让人过目不忘的演出。

第一场戏是霍金向医生询问自己的病情，也是他第一次被告知自己的身体情况到底有多么糟。当他坚持要得到实情后，医生说：

> 运动神经元疾病。运动神经元在你的大脑中，控制身体的运动，但它们正在……死亡。
>
> 所以？
>
> 大脑不再向肌肉发出运动指令，肌肉也将停止运动，它们将慢慢地被弃用。
>
> 要多长时间？
>
> 肌肉萎缩导致无法移动……
>
> 要多长时间？
>
> 这是渐性瘫痪……

然后呢，然后怎样？

呼吸肌和其他肌肉不同，它是自主运动的。它们不会很快停止。

但是它们最终也会……

是的。

所以呢？我将不能自主呼吸，然后我将完全无法呼吸，就像，就像溺水一样……那么，我的大脑呢，大脑会怎样？

没有影响。

医生不带任何表情地转身离去，留下21岁的霍金，慌乱地踱步张望。本尼迪克特把此时霍金的震惊与无助完全体现了出来——急促的深呼吸，双手不知道该放在何处，以及不知该望向何方的目光。

第二个让人难忘的场景，为了完成自己的梦想，为了在有限的生命内继续自己最喜欢的研究——物理学，霍金回到了剑桥继续自己的生活。他第一次见到自己的导师丹尼斯·夏马，丹尼斯对他说："你要为你的信仰奋斗到底，否则就会有浑蛋来阻止你前进。"随着病情越来越严重，生活上的问题使霍金非常苦恼。影片中，有一个霍金拧水龙头的细节出现了很多次——让水龙头出水这个简单的动作难倒了这个世上最聪明的头脑。本尼迪克特在此再次奉献了惊艳的表演，他只用双手就表现出了霍金从不愿服输的抗争到彻底的绝望：那双手奋力地与水龙头做着缠斗，手指已经完全不听使唤了，只能用两个手腕紧紧夹住，再用全身的力气压住水龙头，然后扭动上身，来完成这个动作。命运何其不公，天妒英才，他用他不灵敏的手指给他的爱人写信：亲爱的简，我挺好的。

本尼迪克特的表演令人心碎。在影片中，霍金独处的时候总是沉闷的，只有见到简的时候才会露出孩子般的笑容，无论谈论什么好像都很开心，他们一起看莎士比亚的戏剧，一起谈论时髦的影片，当然最多还是谈论宇宙。年轻人总是敢想敢干，尤其是像霍金已经时日不多，他没有时间考虑太多人情琐事。他证明了宇宙稳定论是完全错误的。他在他的导师丹尼斯·夏马的介绍下认识了当时年轻的教授罗杰·彭罗斯，对物理的共同热爱使两人迅速成为好友，并且一起证明了时空奇点的存在。在罗杰的“坍塌理论”的启发下，霍金提出了“大爆炸假说”，并把它写成了博士论文。

第三个场景，霍金看着罗杰·彭罗斯办公室逆行的时钟，留声机里放着巴赫未完成的钢琴曲。

“巴赫没有写完它。”霍金说。

“在写完之前巴赫就死了。”

“但这如此完美，未完成之前，这么完美……它没有停止，或者说在停止后你还能听到。”

音乐缥缥缈缈、绵延不绝。

“你听到了吗？”罗杰问。

两人相视而笑。就是在这里，本尼迪克特表现出充满了斗志的霍金，即使自己的生命只有两年，即使无法完成自己对“大爆炸理论”的进一步研究，留下的断章也会无比完美，一如巴赫未完成的第十四乐章。如果死亡让一切戛然而止，自有有心人能从中续写出闪耀的华章。

之后的镜头，罗杰去火车站送霍金回学校，霍金上了火车，看着窗外的另一个火车在动，他以为是自己的火车出发了，原来是错觉。受此启发，他突然获得灵感，想到把罗杰的“坍塌理论”进行相对思考，坍塌的反面就是爆炸。想到此，他马上跳下火车，叫住还没有走远的罗杰，迫不及待地就在火车站的站台里用粉笔在地上演算，状态如痴如醉。周围人来人往，却不知道这两个疯子一样的人正在研究20世纪最重要的理论之一——“大爆炸理论”。本尼迪克特此时把霍金灵感乍现时的欣喜若狂表现得淋漓尽致，作为演员的本尼迪克特和作为科学家的霍金简直合为了一体。

影片的最后，有一段导师夏马与霍金父亲的对话。“有个词物理学家常用——美妙，他让爱因斯坦变得美妙……，美妙……，美妙……”夏马不断重复着。这也能概括本尼迪克特这次作为霍金的表演。无论是他用自己厚重的雄性嗓音诉说那些“美妙”的定理，还是他表现绝望时颤抖的双手，灵光乍现时闪烁的眼神，还是面对爱情时天真的笑容，都能充分说明他对表演的理解已经到了出神入化的地步，尤其是当你盯着他的眼睛看时，你会阅读出智慧，那种头脑飞快运转的感觉就像火车一样疾驰而过，令人难忘。表演的艺术有时候只能归结为演员天生的才能，就像霍金能坐在轮椅上光靠脑袋就想出整个宇宙一样，本尼迪克特的角色总是具有强烈的带入感，看久了总觉得他不是哪个演员而真是那个聪明绝顶的天才，他脸上每一块肌肉都在告诉你“我懂，我真的懂，这个宇宙已经存在的一切，以及还未表达的一切，都在我的头脑中，整个宇宙就这样在我脑海中逐渐被运算出来了，甚至在宇宙大爆炸以前，甚至可以没有原因在结果之前发生，甚至可能没有时间也没有空间存在，什么也没有，只有一颗蕴含一切在世间毫无容身之处的奇点，甚至可能这个奇点也是由另一个世界坍缩而成的。”有这样一位优秀的演员和伟大的物理学家存在着，所有的观众都是幸运的。也许这也是后来本尼迪克特多次出演高智商人物的原因之一吧。

但没有人能预料影片出来之后反响如何，所以它在2004年4月13日出现在各大电影排行榜前几名位置也是让人始料未及的。这部影片的成功很大一部分原因取决于本尼迪克特精湛的表演，然而他没有这么想。就在拍摄之前，每个人都心知肚明如果这个角色换成别的演员，那么这个影片一定会石沉大海。今天，无论你问哪一位影视评论家，他们都会告诉你是本尼迪克特让这部影片如此成功。本尼迪克特再次证明在演绎一个角色之前一定要做好大量的准备工作。这种琐碎的准备对于本尼迪克特的发言人卡隆·马斯基尔来说并没有什么惊讶，她表示本尼迪克特无论接到什么新角色都会深刻挖掘人物性格。“在他出演每个角色之前都会做出长期的准备，不管是身体上的还是心理上的，在拍摄前他仿佛就变成了那个角色，他具有很强的理解力。”

多年之后，本尼迪克特回忆当初扮演霍金的时候：“饰演霍金是一种既令人望而却步又令人兴奋不已的体验。他以那样的状态在科学领域取得了傲人的成就。他是英国人的榜样，他经历了运动神经元变性的所有症状，但他顽强地活了下去。有时候我们需要在同一时间同一地点展现出身体的细微变化。从他被确诊之后四年，是我们在电影中重点展现的时期，那时他因为肌肉组织萎缩弱化而几乎陷入瘫痪。但他不愿坐轮椅，而是用一根拐杖艰难地行走。在拍摄之前我试着去研究他的病情，将病情按照等级排序，我想象自己站在楼梯上，每走一步都摇摇欲坠，难以平衡，因为这时他的动作并非来自中枢肌肉的力量。对我来说，理解电影中涉及的科学知识很重要，我真的希望能把我所讲的每一句台词都吃透，我从霍金当时的助理那里得到了很多帮助。我把霍金的作品都读了一遍，大众科普运动之所以能够发扬光大，霍金的《时间简史》功不可没。”

这部影片并没有像当今的电视电影一样，参与众多的奖项评比，不过本尼迪克特依旧凭借此片获得了蒙特卡洛国际电影节最佳男主角提名。尽管最终以微弱劣势被出演《诺丁山》的瑞斯・伊凡斯击败，但对于第一部电影作品主演的本尼迪克特来说，这已经是巨大的成功了。作为一个冉冉升起的新星，他的下一个挑战是面对并不擅长的媒体和采访。起初，媒体并不是很了解他，《时代周刊》的帕特里夏・尼科尔是早期采访过他的几个记者之一，她回忆道："他那种愤怒的咄咄逼人的气势，不给人留余地的性格经常让人措手不及。"《日报》上另外一篇报道甚至把他形容得更加与人不同。"像史蒂芬・霍金一样，这个人的身体已经对现实生活关闭大门，但是这个男人就是不愿善罢甘休。" 这些评论准确地总结了本尼迪克特当时对生活的态度。当他还是个孩子的时候，就经常被大人们说总是忙忙碌碌，现在作为一个男人，忙碌的状态变本加厉。这一点他的经纪人非常赞同，试戏让他得到比快乐还重要的东西。他会尽力去参演尽可能多的影视剧项目，并且完美地诠释每一个角色。

但并不是每一件事都是一帆风顺。在破旧闷热的窄小办公室里穿着让人流汗不止的晚礼服长达几个小时，为一款以詹姆斯・邦德为原型的游戏做替身，这种试戏让本尼迪克特觉得厌烦，所以放弃这个角色对他来说并没有什么遗憾。他还是选择接受委托去南非进行拍摄。就像本书开头讲述的，他并没有想到会发生那样一起噩梦般的恐怖事件。

2004 年，他觉得自己的职业生涯并没有按照想象的方向进展。即使他再一次在《心跳》中出演角色，并且在《剑桥风云》以及《军情五处》中获得了不错的角色，但是他并没有获得一些发自内心满意的角色，他开始陷入了自我怀疑。他怀疑自己的口音是不是故作浑厚，以至不适合主流媒体的口味，又或者是他的脸太有棱角而不适合当男主角。是不是他要成长为像丽贝卡·豪尔那样对万事都胸有成竹的样子，又或是在找到稳定的角色之前还需要再隐忍几年？这些疑虑慢慢滋生，成为了他演艺道路上的绊脚石。不过这种消极状态没有持续太久，所有的自我怀疑在他知道要出演《直到世界尽头》的时候都灰飞烟灭。这部电视剧的导演是戴维·阿特伍德，改编自威廉·戈尔丁的《海洋三部曲》，计划于 2005 年 7 月在英国广播公司 2 台首映。根据本尼迪克特的阐述，这部作品反映 1812 年一个年轻人的空档期。全剧充满肮脏、迷茫、性、毒品、舞蹈、爱情、灵魂的觉醒以及心理的巨大改变。它描绘了艾德蒙·塔尔伯特的故事：在一艘从英国到澳大利亚的船上，观众们跟随一个年轻的英格兰贵族一起体验暴风的威胁与爱的冲动。

把这部戈尔丁的小说改编为迷你剧是电视导演戴维·阿特伍德的主意。“在 1980 年我读戈尔丁第一本小说《通过仪式》时，我不断思索：‘天啊，一些疯狂的人可能会尝试把它拍成电影，但这几乎是不可能的事。’当我被问起对这个题材是否有兴趣时，我的回答是特别肯定的。我喜欢作者那种不可言喻伟大的小说家，只有那种成熟与理智相结合的人，才能写出这样有趣的、黑暗的、疯狂的、暴力的和危险的故事。但小说同时也是对人的一种测试，在那样一种幽闭恐惧的环境下，人应该怎么抉择。这是一部史诗般的作品，也是一部深挖人性的作品，需要用心去感受。”

戈尔丁曾在 1983 年获得诺贝尔文学奖，他的第一部小说最为著名，那就是《直到生活尽头》的三部曲之一的《蝇王》。第二次世界大战中战舰指挥官的经历让他拥有很多与海洋相关的知识，“二战”结束之后他成为了一名业余水手。阿特伍德第一个想到的适合这部小说的人选便是李·杰克逊，于是便邀请他加入这个项目，但是在电影马上进入拍摄阶段时，李不幸去世了。“和李的合作是很愉快的，他的去世对我来说绝对是一场悲剧。”阿特伍德表示，“他完成了第一集的绝大部分工作，以及第二集、第三集的部分工作，去世的前一周，他还在家里修改剧本，那是一种让人难以置信的坚持和勇气还有令人吃惊的乐观态度。他爱这个项目，他希望能完成它。在李去世之后，我们让托尼·巴杰洛接手，他为这个项目也倾注了自己的情感。我认为如果李能看到托尼做出的这一切一定会感到满意。实际上，二人缺一不可。我们决定用这部影片向李致敬，因为这里有太多他的灵魂和思想。”

阿特伍德决定把这部海洋史诗搬上大荧幕绝不仅仅因为他是一个有想象力的导演。“我曾经横跨大西洋七次，也当过海员。这种旅行本身就是一种不可多得的经历，无论多么恶劣的天气，无论是小渔船还是大邮轮，我都经历过狂风暴雨，但我依然不能做到精准的预测。海洋是变化无常的，要把这些都拍摄下来几乎是不可能的。”

当然，本尼迪克特很高兴能参与这部影片的拍摄，同时期和本尼迪克特一起参加这部影片的演员还有萨姆·尼尔、杰瑞德·哈里斯、维多利亚·汉密尔顿、查理斯·丹斯、乔安娜·佩姬、保拉·詹宁斯、丹尼斯·布莱克、西奥·兰迪。阿特伍德对这样的演员阵容也非常兴奋，“我们需要一位非常好的演员，他既要足够年轻又要让观众认可他的贵族气质，但他的教养和世界观又有一些青春期的叛逆。而且我们也需要这个演员有极高的修养和悟性来把控这四个半小时的戏份。除了丰富的经验，还要有极高的喜剧天赋——本尼迪克特就是我们需要的答案。”

制片人琳恩·霍斯福德也同意这个观点。“本尼迪克特的确是十分卓越的。他可以很好地把控戈尔丁小说中的人物。我们每时每刻都需要他，但是他从来没有抱怨过。他早就变成了艾德蒙·塔尔伯特，并且他的精神感染了剧组的每一个工作人员。在四个月的拍摄过程中，在每一次对角色塑造的交流中，我们对彼此越来越了解，并且变成非常亲密的朋友。”

这种亲密的友谊不仅仅维持在拍摄的那段时间，也带到了大家平时的生活中。本尼迪克特说：“和剧组人员在一起真的很开心，我们一起度过了很愉快的时光。不忙的时候，我们可以打一整夜扑克牌，在海滩上开派对，在沙滩上飙车，在水里骑马。曾经有一个周末我们在菲达野生动物保护区度过，在那里我们享受了皇室般的待遇，每个人都有自己的厨师。那是在拍摄期间最奢侈的招待。之后，我们相约去地球上最美的地方潜水，那里离我们拍摄地只需要三四个小时的车程。我以前只在船上看到过鲸鱼，但是在这里第二次潜水时，我竟然在离我不到 10 英尺的地方看到一只鲸鱼游过。这经历已经很奇妙了，但是最不可思议的是在这只鲸鱼的头上方居然还有一只鲸鱼宝宝。当我们结束在卡普顿的拍摄时，我尝试和大白鲨一起游泳。我们在一个笼子里，工作人员就在我旁边喂食大白鲨。那段时光，我无时无刻不在感受着大自然的和谐，这让我觉得无比兴奋和奇妙。”

饰演艾德蒙·塔尔伯特这个角色还是要付出很多努力的，琳恩·霍斯福德已经声明要自始至终在片场工作，不错过这四个月在南非拍摄的每一场戏。“每一天都是不同的，都是充满挑战的，也是这份工作给我的最大的礼物。”本尼迪克特兴奋地感慨道，“每个小时都让人筋疲力尽，但是每一天都有新的挑战，我喜欢系着船上的绳索在空中来回穿越，然后又掉落在火焰的周围……贯穿三部小说的艾德蒙是一个知识渊博的人。所以我经常带着这些书作为拍摄时的参考。他是一个无比自信的青年，带着一点傲慢和脆弱，喜欢了解新鲜事物。他是那个时代和阶级的典型代表，他的社交方式充满着装腔作势。但是他又充满野心、控制欲，他总觉得一切全在他的掌控之下并对此深信不疑。有时他喜怒无常，还有点神经质，但是很有幽默感。综上所述，我非常渴望能把他演绎得活灵活现。我不希望仅仅把他演成那个时代某个普通的年轻人。其实，戈尔丁早已把这样一个易犯错误的典型人物的每一面都展现给了观众。”

在拍摄的最后时期，所有剧组成员都叫他艾德蒙而不是本尼迪克特。“我在摄像机前不能完全释放，但是我希望能有好的效果。在书里，艾德蒙知道自己要干什么，或许他把自己在旅程中表现得有一点像个伪君子。他对待泽诺比娅的行为就像一只发情的动物，他非常贪婪和狡猾。从他第一次见到泽诺比娅就开始勾引和调戏她，然后直接拿下她。”

拍电影本身并不是唯一难题。场景的选择往往决定了影片成功与否。“英国不可预测的天气对我们来说具有很大的风险性，所以在英国取景并不是一个好的选择，尤其是要给观众一种船只正在横跨南半球的感觉。”对此，阿特伍德说：“在《直到世界尽头》，天气的变化带给船只和角色的反应显得格外重要，首先我要做的就是有一个可以掌控天气的决策人。当然，天气也是最难掌控的。最终我们选择在理查兹贝港口（距离德班南部仅三小时）进行拍摄。很多故事发生在赤道附近。我们大部分时间需要平静的天气和明朗的阳光，但是有时候我们也需要一些暴风雨和所有海洋中可能会发生的特殊天气状况。”

事情总是出人意料，霍斯福德回忆道：“拍摄期间遇到了当地近几年最糟糕的天气，甚至都成为了媒体的头条。糟糕的天气对我们的进程造成了巨大的影响。我们身处在一个十分美丽的地方，但是在海上拍摄的时候经常如噩梦一般。海浪总是过于凶猛又或过于平静。我们全体工作人员的安全以及我们在船上的设备都是每天要担心的事。”

阿特伍德同意这些观点，“观众想要看剧情精彩、制作优良的影片。我们的演员被困在一个密闭的环境里，而且还要面对一直不断延长的拍摄周期。你应该能理解我们遇到的这些问题。感谢戈尔丁，所有人都对故事有着强烈的兴趣。他们担心天气是否会搞砸一切，他们能否在风暴中活下来。在这九个月中他们会不会晕船？会不会出意外？来自英国和欧洲大陆各地的演员被困在船上，在这部影片中我们看到了最糟糕、最渺小的自己，但是也看到了人类最高贵的精神力量。”

总而言之，最终我们看到的版本有四个多小时，分为四个部分。在大航海时代，一艘因为海军财政困难而由老旧战舰改装的客船，要完成由英格兰前往澳大利亚的航程。这艘老旧的客船需要跨越赤道，绕过好望角，从西半球到东半球，从北半球到南半球，直到世界的尽头。在漫长的旅途中，我们跟随本尼迪克特扮演的贵族旅客艾德蒙·塔尔伯特一起经历本能的诱惑、爱的冲动、暴风的威胁、死亡的阴影、人与人之间微妙的关系。

影片第一部分讲述了年轻的贵族塔尔伯特在教父的教诲下想去海外寻找施展抱负的机会。他计划到澳大利亚政府部门任职，但当他登上了这艘与他想象中完全不一样的船之后，发现自己迷失在大海里。破旧、颠簸、散发着难以忍受的臭味，这都让他海上之旅的初期完全无法适应，无论从身体上还是心理上。经过一段时期的磨合，塔尔伯特渐渐适应了，他到甲板上与安德森船长交谈。贵族的身份与教父的引荐让安德森船长对他敬让三分。同行的牧师科利先生就没那么幸运，当科利也走上甲板时，安德森船长丝毫不留情地把这位牧师赶了回去，这是科利走向死亡的第一步。之后，塔尔伯特结识了船上的大副萨默斯。萨默斯是一个务实的人，他勤勤恳恳，从水手一步一步做到了大副的位置。同时，船上的其他乘客也悉数登场，有家庭教师出身的格雷厄姆小姐，她因为激进的宗教观念被身为大主教的父亲驱逐，只身前往澳大利亚做私人教师；还有普瑞提曼，这是位观点非常前卫的政客，天生不信上帝与神灵；还有泽诺比娅，一个浑身散发着迷人气息的放荡女子。塔尔伯特把所有想做礼拜的人都聚在一起由牧师科利带领大家一起礼拜，塔尔伯特认为这是他作为贵族应该承担的责任。当船航行到赤道附近时，燥热的气息让塔尔伯特烦闷异常，尤其是隔壁男欢女爱的声音不绝于耳，一些偶然的机会让塔尔伯特与泽诺比娅耳鬓厮磨。但是他贵族的名声与道德的束缚让他并不能像别人那样为所欲为。直到他们穿越赤道的那一刻，船长邀请所有人都到甲板上参加祭奠水神的仪式。塔尔伯特终于找到机会与泽诺比娅偷情。于此同时，科利牧师作为旧宗教的代表被信奉水神的水手们所不容，他被带到甲板上当众受辱。羞辱活动在萨默斯的枪声中戛然而止，枪声让人们恢复了理智。同时恢复神智的还有塔尔伯特，他明白他对泽诺比娅只是身体上的冲动，当他冷静下来后，残酷地抛弃了泽诺比娅，让她觉得自己像个妓女一样不堪。此后，塔尔伯特一直躲避这个打扮得花枝招展的女人。年轻的牧师科利在一系列变故后，被水手们变本加厉地愚弄，他不堪羞辱，最终选择了以死告慰自己虔诚的灵魂。

本尼迪克特的表演自带贵族光环，显出了塔尔伯特的优雅与傲慢。举手投足之间，他刻画了一个秉承着上流社会惯有的礼节，同时与船上的小混混格格不入的贵族。他的言谈举止貌似无意冒犯他人，实则内心本来就是高高在上。他处处端庄，维护上流社会的形象，却也难逃低俗的诱惑。他因为享有特权，根本无法理解平民的疾苦（或者说是精神上的受歧视）。

牧师这样的小人物的遭遇开始引发了他的深刻思考，他开始认识到自身权贵阶层的丑恶。

第二部分以塔尔伯特阅读死去牧师科利的航行日记开始，科利在日记中描写的对塔尔伯特的极度信任使得他充满自责。当塔尔伯特看完牧师科利的航行日记后，写下了这么一段话："我一页页地往回看，充满了悲伤和悔恨。这本日记也许已经是一本航海故事了。但在这个航海故事里，没有大风大浪，没有海难，没有沉船，没有救援，没有海盗出没，没有电闪雷鸣，没有英雄气概，但是这是一个人的生离死别。"之后，由塔尔伯特、安德森船长与萨默斯三人组成调查小组，对科利的死进行审讯调查。这次船长煞有介事的调查流于形式。科利真正的死因是从一点点剧情片段中徐徐交代的，举行丧礼的时候也没见其他乘客有多悲伤，有人还拿他的死因当作笑料，他们说牧师是同性恋，因羞愧而死。于此同时，塔尔伯特的仆人惠勒也神秘消失了，有小道消息称惠勒失足掉进了大海。由于暴风没有得到及时预警，船的前桅杆被吹断了，整条船被吹回了赤道带。祸不单行，就在此时他们发现了远方的另一艘战舰若隐若现。本来紧张的气氛更加凝重，安德森船长布置好作战计划，塔尔伯特在火炮射击的过程中头部受伤，却坚持到船舱外继续准备战斗。在紧张的战前准备中，每个人都有自己的想法，画家想去见识海战为自己的作品提供素材；女人为自己孩子的安危而哭泣……在所有人都准备拼死一战的时候，却发现这艘未知的船带来的是善意和友谊——这艘船是英国皇家舰队"金牛座"号。两艘船上的人都欢欣鼓舞。令人惊讶的是，仆人惠勒奇迹般地回来了，原来他在海水里浸泡两天后最终被"金牛座"号所营救。稍作休整之后，大家都为登上"金牛座"号参加联谊舞会而做着准备。女人们都盛装出行，争奇斗艳。在派对伊始，塔尔伯特就被一位美丽的女孩吸引，“站在我面前的女孩，宛若被白色的光晕所围绕”，她的名字叫玛丽恩·查姆利。塔尔伯特毫不掩饰对查姆利小姐的倾慕之情，并当众邀请她同往悉尼，而不是“金牛座”号的目的地印度。派对中玛丽恩被塔尔伯特关于蒸汽机的新奇观点所吸引。在舞会中，塔尔伯特紧紧握住玛丽恩的手，一诉衷情。塔尔伯特说为了与她在一起，他甚至可以放弃自己的前途和梦想，放弃教父的教诲，放弃所有他之前所坚持的一切。没有女人可以抗拒如此深情的表白。然而由于现实的残酷，查姆利小姐只能委婉地拒绝塔尔伯特的盛情，只留下一封情书，“年轻的人都不应该忘记那个多情的时刻，海洋中心两条船擦肩而过，希望有一天，他们能驶入同一个港湾”。

相比第一部分，第二部分的剧情明显惊心动魄了许多，暴风雨的洗礼，不明船只的临近都让剧情紧张起来，最后查姆利小姐的出现，给紧张的氛围带来一丝舒缓的温柔。本尼迪克特在此部分的表现更见张力。当未知船舰接近时，他把对未知情况的恐惧表现得入木三分，因恐惧而变得略显呆滞的眼神，深沉的声音讲述着内心的波涛汹涌。最后，恐惧化为勇气，准备上阵杀敌时的英勇。当然，本尼迪克特表现出的塔尔伯特的痴情让人内心融化。对心爱之人表白时的紧张与惶恐，以及宣告爱情誓言时的坚定都让我们看到两个坠入爱河中的年轻人的化学反应。

在第三部分中，仆人惠勒经受不住溺水带来的恐惧，最终选择了用枪结束自己的生命。这对塔尔伯特的内心冲击巨大，人们对惠勒死而复生有意无意的调侃让他总是回想起最为恐惧的时刻，死亡一次次冲击着他的心灵，让这个忠厚勤恳的人最终赴死。塔尔伯特在航海日记里这样写道：“人，就像缆绳一样，都有一根导致崩溃的神经，我总觉得对于他的死我也是有责任的，就像科利一样，我感到惠勒的灵魂在这条船上无法安息。”

多重打击让塔尔伯特卧病不起，持续的高烧让他难以坚持生活，唯一的慰藉就是那封情书。由于环境越来越恶劣，乘客开始担忧自己的人身安全，他们组成了临时委员会，由塔尔伯特担任委员会代表去和船长谈判，看看能不能改变航线，在最安全的地方靠岸，补给修理后再继续前行。然而这只是乘客的一厢情愿。在经历了各种摧残之后，这艘船危在旦夕。

第三部分是影片的高潮和结尾部分。整部影片与其说本尼迪克特是这个故事的主角，不如说他是众生的见证者。他出身贵胄而飞扬跋扈，他心地敏感而善解人意。这样一个真实的生命，和我们一样亲历那场人神对抗的挽歌。死亡、苦难、疾病、恐惧……我们未曾经历的一切全借本尼迪克特的眼睛看了个透彻，英国的故事总带着莎翁式的夸张，如同舞台剧上的一幕幕剪影，亦真亦幻。影片的最后一幕，本尼迪克特在看到心爱之人时脸上荡漾的笑容，让人们在历经万险之后，留有一丝温暖在心头。的确，本尼迪克特饰演的角色总是在人们绝望的时候给他们一丝希望。与其说这是一次旅程，不如说是一部成长史。相对于本尼迪克特理想中的航海，这个故事似乎更接近真实。

这部影片先后在英国、美国以及全世界播出，盛赞如潮，本尼迪克特再一次受到了大多数影评人的称赞。一名观众曾经留言：“在这部影片中无可争议最亮眼的明星就是康伯巴奇，他几乎出现在每一个画面里。他扮演的艾德蒙·塔尔伯特，有时是一个一本正经、足智多谋的贵族，有时又是一个充满道德感的叙事者。康伯巴奇的脸就像是一个移动的油画布，把塔尔伯特的反应和表情准确地展示给我们。”

当然，我们知道在拍摄期间，本尼迪克特、丹尼斯和西奥身上发生了那件恐怖的事情，这让本尼迪克特沉寂了一段时间。在影片中，当不知是敌是友的“金牛座”号越来越近的时候，安德森船长下令准备迎敌，然而大家心里都清楚真要开战的话，他们生存的希望极其渺茫。此时，塔尔伯特有一段内心的独白，也许是本尼迪克特经历那次恐怖劫持时的真实心声：“这次我可能，真的会死，只有真正经历过生死关头的人才能体会这种心境，这想法压得我喘不过气来。”

我们也知道在他从那段痛苦的经历恢复之后，他决定要把握住每一次稍纵即逝的机会。差不多在事情发生一年后，他重返位于伦敦中部伊斯灵顿区的艾尔美达剧场，从 2005 年的 3 月 10 日到 4 月 30 日，在亨利克・易卜生的《海达・高布乐》中扮演戴绿帽子的丈夫乔治亚・泰斯曼。之后的 5 月 19 日到 8 月 6 日，这部舞台剧又在伦敦西部的约克公爵剧院上演。对于一些演员来说，从一个剧院转移到另外一个剧院会对他们的表演状态有所影响，但是本尼迪克特始终保持着高涨的表演热情。他非常乐意去适应新的环境。“艾尔美达是一个剧院而不是一个练习场。这里的空间环境被改建得更加适合舞台剧表演。约克公爵剧场相对来说是小巧精致的，典型的维多利亚时期的建筑风格，有着古希腊拱门，所以变换剧场对演员来说显然会面临一些挑战，如果我们在一个大一些的舞台表演可能会出现一系列的问题，但是约克公爵剧场的空间刚刚好，我认为这里的效果恰到好处。”

众所周知，《海达・高布乐》从 1890 年第一次公演时，就成为易卜生作品中最频繁被搬上舞台的剧目之一。海达的角色也是其中最为复杂的一个，她是一个坚强并且聪明的女人，却被 19 世纪古板狭隘的资本主义思想所困。为了避免被批判，她选择做一个传统的妇女，但是没有激情的婚姻很快让她觉得乏味。这部作品结合了喜剧和悲剧，易卜生用失意的主人公来对抗那个时代背景下旧式的社会道德观。

戏剧的开始，海达刚刚度完蜜月回到家中，但是她已经感觉到了婚姻生活的乏味，那是一种缺少压力的生活方式。海达努力去寻找一种意义来释放自己，希望重新点燃自己充满激情的内心。所以她力图在身边找一些志同道合的人。这是易卜生最典型的方法，用他们的困惑和内心的冲突给角色下定义。当然，易卜生也是本尼迪克特最喜欢的剧作家之一，在出演《海达·高布伦》的两年前，他就在艾尔美达剧场演过易卜生作品《海上夫人》里的林斯坦，当时扮演主角的是娜塔莎·理查森。在比较这两个角色时，本尼迪克特表示"两者有一些相似，当然实际上两个角色都是如梦初醒的幼稚男人。在泰斯曼的身体里，这种觉醒更有说服力，当这部影片完成时我自己都感觉不太好了。在拍摄的最后一周里，我必须去向伊芙·贝斯特确认她是否讨厌我。作为八个演员的情感发泄品，她真是有些心力交瘁。不过，我享受这份工作还有其他的原因。《海上夫人》中的林斯坦，他那种脆弱的心理，包括他的年纪和阶级都与泰斯曼有着巨大的差别，虽然初读剧本的感觉林斯坦和泰斯曼是相似的，但是仔细琢磨两者在戏中的表演，就能发现二者有着很大的不同。我不想让我自己和观众觉得乏味。"

摄影师西蒙·安纳德拍摄的一张在后台准备时的照片最能展示在拍摄这部舞台剧时候的状态。照片中的本尼迪克特是一个静静的思考者，正在做着上台前的最后准备。他一只手拿着外套，另一只手扶着道具。他低头观察，表情轻松，这个从容的绅士认真查看每一项道具，以确保表演万无一失。照片背景是一个小小的化妆间——墙上凌乱的图片、镶嵌着一圈灯泡的梳妆台、倒在桌子上空空荡荡的水瓶……一切都再寻常不过却又略带神秘。

《海达·高布乐》的导演理查德·艾尔表示是看了杂志《英国名人娱乐杂志》从而得到的灵感。他在等候牙医时随手拿起了一本《英国名人娱乐杂志》，读到了一篇关于“庆祝一个富有、时尚的年轻女人成为明星”的采访。在这篇采访中，女星没有半点疑虑地承认“她有一种很容易感到厌倦的天赋”，艾尔的第一反应是“海达·高布乐的生活”。当晚他去看了霍华德·大卫导演的话剧《悲怆》，这部话剧改编自尤金·奥尼尔的同名小说。伊芙·贝斯特的表演堪称完美，艾尔意识到她生来就应该扮演海达。其余的部分就是人们常说的“无巧不成书”。

当本尼迪克特申请到扮演海达·高布乐的丈夫乔治·泰斯曼时，他激动不已甚至有些害怕，“我想要挑战泰斯曼这个角色，把他诠释成一个让人感同身受的人物，并且尝试去追求易卜生设计这个人物的真正意图”。泰斯曼对他的妻子真挚的爱是出于尊重，而海达在社交方面高他一筹，他想要做一个真正配得上她的男人。他像膜拜英雄一样崇拜她，认为她是不可思议的、美丽大方、值得追求的人。一些观众曾表示，本尼迪克特对待泰斯曼这一角色十分走心，一个痴迷于自身工作的学者并没有发现妻子对生活感到乏味。他尽最大的努力去讨好他的新娘，把自己的真实感受抛在一边直到他们都无法忍受这种生活。在一场关键的戏份中，当本尼迪克特扮演的泰斯曼终于意识到他妻子所做的一系列丑事完全是为了保护他时，泰斯曼迅速转变了情感，这也导致一些评论家对他的表演众说纷纭。多数人都非常肯定，认为这是对角色最真诚可信的描绘。另一些评论家则认为本尼迪克特没有抓住重点。他们先入为主地认为本尼迪克特出演了不适合的角色，并且演技越来越走下坡路。一些人甚至不无讽刺地建议观众们应该更关注艾尔美达剧场重新改造的建筑风格，因为这部舞台剧是改建后上演的

第一部，他们说更多的人来看演出仅仅是想看重新改造后的舞台。

这些不负责任的胡言乱语并没有影响大众的判断，本尼迪克特的表演被公认为是成功的。尽管伊芙·贝斯特赢得了更多的关注，本尼迪克特也并没有凭此表演获得奥利弗最佳男配角的殊荣，但是依旧让他获得了伊恩查里森奖最佳经典舞台表演奖，这也是他时至今日依旧引以为傲的。

之后，本尼迪克特接演了一个比自己实际年龄要大得多的角色。汤姆·汉克斯的制片公司 Playtone 决定将《恋爱学分》这本小说拍成同名电影，并开始物色导演。随后这本小说立即成为了年度必读书籍，仅在理查德和朱莉读书俱乐部的销量就超过了 30 万册。小说所讲述的故事与汤姆·汉克斯的导演处女作《挡不住的奇迹》有几分相似，于是汉克斯找来了萨姆·门德斯，期望两人能携手制作本片，并且尽量忠于原著，全部启用英国演员。的确，他们也是这么做的。

影片的主人公布莱恩·杰克逊（詹姆斯·麦卡沃伊扮演）出生在艾塞克斯的工人家庭，刚刚成为布里斯托大学的一年级学生，急切要证明自己的能力。他的同乡朋友担心他变成自大狂的同时，布莱恩正在为组队参加《大学挑战赛》而头疼。《大学挑战赛》是一档英国电视选秀节目，每支参赛队由 4 人组成，开局题目为 10 分。经历了变装舞会、反种族隔离集会、肮脏邋遢的宿舍生活之后，布莱恩同时爱上了两个女孩儿，一个是金发碧眼的队友爱丽丝（爱丽丝·伊芙扮演），一个是有思想、充满政治意识的丽贝卡·爱波斯坦（丽贝卡·豪尔扮演）。影片以撒切尔时期经济衰退为时代背景，背景音乐由威猛乐队、香蕉女郎、新秩序乐队、惊恐之泪、幻觉皮衣合唱团等著名乐队共同谱写，《恋爱学分》注定要成为一部经典。

这部影片的拍摄共耗时 8 周，在伦敦、布里斯托尔和杰维克取景。其中最有难度的莫过于重现1985年大学挑战赛的电视转播现场。为了重现当年的布景，马克·加蒂斯（之后成为《神探夏洛克》的核心作者）试着饰演班巴·盖斯科恩这个电视秀的最初创始人，翻阅了大量历史记录，他在影片中给英国观众带来了很多欢笑。在拍摄艾塞克斯的海岸——布莱恩的家乡的戏份时，沃恩将剧组转移到了杰维克，之前这个小镇从未出现在电影中。“我想要在地理上体现出两个地方明显的对比，”导演解释说，“其中一点是关于眼界，大学是纵向的。我不想要太多摄影美学的拍摄手法，我希望能维持一种自然的拍摄风格，就像电影《格雷戈瑞的女孩》的拍摄风格一样，有着天真无邪的吸引力，但是我希望让观看者能在视觉中有深刻的理解，角色的家乡和他去的地方要形成鲜明反差。”

这部戏第一个选中的演员是本尼迪克特的老搭档——詹姆斯·麦卡沃伊。在沃恩看来，布莱恩这个角色对演员的要求很高，他必须能自始至终抓住观众眼球。之前，年轻的詹姆士·麦卡沃伊出演了艾美奖剧集《沙丘魔堡2003》和奇幻巨制《纳尼亚传奇》，沃恩称他具有即使犯错也会博得他人支持的表演能力。2006年导演凯文·麦克唐纳曾经称他毋庸置疑是世界上“30岁以下最出色的英国演员”。麦卡沃伊的天赋让他扮演的角色毫无瑕疵。

如果今天你看到《恋爱学分》的DVD，就好像本尼迪克特从这部影片溜走了一样，在影片的介绍中，本尼迪克特也很少被提到。

然而事实是，他所扮演的角色在影片中的戏份并不少。本尼迪克特饰演的帕特里克是布里斯托队的队长，他的身份是机械学院的研究生，是典型的理工男形象。本尼迪克特把这个角色饰演得呆板中带有一丝可爱，他与麦卡沃伊饰演的布莱恩是队友也是情敌，他们都对组里的交际花爱丽丝有好感。因此帕特里克一开始对布莱恩百般排挤，直到布莱恩用能力证明了自己。由于帕特里克连续三年带队都输给了剑桥大学，这成了他的心结。帕特里克把这个比赛看得十分重要，有一场戏是参赛队员正在学校教室进行资格选拔，而此时清洁工正在用吸尘器工作，帕特里克非常气愤地与清洁工争吵。对，如果你想看本尼气急败坏的样子，这是最好的机会。一个高智商的大学生面红耳赤地与清洁阿姨叫嚷。更有意思的是经过这次选拔，帕特里克看到情敌布莱恩的实力，他大度地欢迎布莱恩的加入并且达成英雄相惜一般的和解。本尼迪克特把这种自作聪明又善于认错的感觉表现出来。帕特里克再次出现是在参赛队又一次训练时，由于爱丽丝的缺席，布莱恩与帕特里克都不在状态。随着比赛时间越来越近，帕特里克对布莱恩与爱丽丝感情上的纠缠不清十分不满。直到在比赛前一天晚上，布莱恩的发小斯宾逊来看望布莱恩，他们一起参加了学校里的派对。由于酒精的缘故，帕特里克与斯宾逊发生了口角，直至大打出手。本尼迪克特在这一段展现了他喜剧表演的天赋，作为一个手无缚鸡之力的研究生，他被斯宾逊摁到墙上，羞辱感使他的愤怒彻底爆发，他与斯宾逊的打斗表现得十分滑稽——一套组合式“龟拳”使出，却被斯宾逊一拳KO了。结果在第二天的电视比赛中，帕特里克只能带着“熊猫眼”参加。比赛最后由于布莱恩违规抢答而终止，帕特里克十分震惊，呆呆地看着布莱恩，希望知道到底发生了什么……帕特里克的美梦因此破灭了，比赛结束，布莱恩离去，只留下帕特里克孤独的身影。《恋爱学分》是本尼迪克特出演的为数不多的青春偶像剧，帕特里克这个角色无疑是本尼迪克特演艺生涯中非常独特的经历。这个呆板中透着可爱的人物丰富了他表演角色的类型。

值得一提的是，英国电影的风格无论有多轻快，观众总能在无意间瞥到一丝凝重的色彩。这部略带黑色幽默的青春爱情剧也达到了这样的效果。只要观众稍作留意，就会领悟到编剧导演，还有所有演员的那番苦心。影片架构的基石——反对种族歧视，提倡团结互助，清楚地外露于青春的记忆中。解读一下队里四个成员，医学专业的亚裔女孩古板专注，漂亮的爱丽丝应该是代表着美貌而野心勃勃却又不那么聪明的一类人，还有本尼迪克特饰演的帕特里克这个名字有着典型的爱尔兰味道，而詹姆斯·麦卡沃伊的苏格兰血统似乎又说明了什么。电视直播的大学生智力挑战赛，撒切尔执政后期经济发展不稳引起英国人不安的生活状态，大学生反对种族隔离，他们通过各种游行集合企图寻求解决阶级矛盾的办法……这些对于经历过那个年代的英国人来说都是一帧又一帧熟悉的画面。

《恋爱学分》受到业内人士的普遍好评，得到了观众的鼓励。《时代周刊》描述它是“20 世纪 80 年代一部极好的范本，一部不可多得的悲喜剧，在每个阶层都能赢得殊荣”。《舞台杂志》的评论也差不多，“年度最新鲜、最痛苦却有趣的喜剧”，《帝国杂志》赞扬它是“年度最聪明、最浪漫的喜剧”，《完全电影》热情地称赞道：“它是《单亲插班生》和《早餐俱乐部》的完美结合”。但是，在影片下线的时候，票房的总额只是项目预算的一小部分，谁也不知道票房惨淡的原因究竟是什么。

尽管有些失望，但本尼迪克特没有动摇自信心。他立刻全身心筹备他的下一部电影《奇异恩典》。他的热情看起来跟他的野心很匹配，他相信这部影片一定会获得成功。这部影片讲述的是理想主义者威廉·威伯福斯在 18 世纪的英国国会长期坚持反对黑奴运动的故事。影片根据约翰·牛顿作为黑奴船长的经历改编而成。在一次暴风雨的海上，他蒙上帝的拯救，于是决心痛改前非，奉献一生并写出了一首著名的基督教赞美诗。牛顿给予了威伯福斯最大的影响。本尼迪克特·康伯巴奇饰演威廉·威伯福斯的好友威廉·彼特，威廉·威伯福斯在同窗好友彼特的劝说下加入英国议会。两人共同领导了反奴隶运动。然而，威伯福斯拟定的关于反黑奴的议案还是被国会否定了。威伯福斯被议会的明争暗斗弄得心力交瘁。直到 1807 年，威伯福斯的议案才得到部分通过，坚守反黑奴运动的队伍也开始逐渐壮大。

威伯福斯年轻时一度想放弃政治，这时他遇见了 60 岁的福音派牧师约翰·牛顿。牛顿与当时著名的福音派领袖陈美恩一样，都曾是奴隶贩子。牛顿的母亲数十年来为他的悔改不断祈祷。牛顿在母亲去世后悔改信主，写下大量诗歌，其中《奇异恩典》堪称几百年来全世界流传最广的一首圣诗。一天夜晚，威伯福斯来到牛顿住处，向他倾诉，与他一起祷告。他建议威伯福斯不要退出议会，并为他代祷："我盼望你所做的一切，是为了我们的国家。"这个代祷奠定了威伯福斯一生的方向。十八年后，牛顿在弥留之际，听到了国会通过《废奴贸易法案》的消息。

本尼迪克特这次扮演的威廉·皮特是迄今为止英国历史上最年轻的首相。威廉·皮特是活跃在 18 世纪晚期 19 世纪早期的英国政治家。1783 年，他获任首相，时年 24 岁。1801 年，他辞去首相一职，但在 1804 年，他再次出任首相，却在 1806 年任期内去世。担任首相期间，他同时兼任财政大臣。一般认为，皮特是一个托利党人。然而，皮特自称"独立的辉格党人"，他反对英国发展过于严密的政党政治系统。因领导英国对抗法国，皮特声名大噪。

因为电影重点要讲威伯福斯的故事，他是皮特的好朋友，所以皮特在这部电影里是按主人公的私人好友的身份定位的，展现更多的是他私人生活中的形象。因此他展现了活泼快乐的一面。他们在清晨庭园里赛跑，偶尔会说一些俏皮话。人们似乎遗忘了他转向公众的那张冷若冰霜、不苟言笑的脸。这个人原来是多么地让人不可向迩。为了维持他那个青春年纪很少有的权威面孔，本尼迪克特不得不跟周围人营造出距离感，显得脱离于世俗生活之外，高高在上，孤独地望着尘寰。历史上的皮特是特别保守的，他很少写信，也没有回忆录，威伯福斯说他是“世界上最腼腆内敛的人”，甚至“有些笨拙”，但他保守的天性，并不意味着他会变成冷酷无情的人。恰恰相反，他的内心是亲情而温顺的，其实，就连最严谨持重的历史学家和最善于揣摩人心的政治家在提到他时都会变得多愁善感。这是一种难以言喻的人格魅力。他宽宏大量，在那个享乐主义盛行的年代，他的廉洁自律、无所嗜好，清教徒式的私生活，也是卓然而异于他人的。他在处理国家财政上的才能在那个时代无人匹敌。一个治理国家经济如神的人，却让自己的私人经济陷于破产，还拒不接受商人和国王的援助，这样的人生让人唏嘘不已。

本尼迪克特对小皮特的诠释味道十足。在国会里，他总是选择正襟危坐，默不作声，让人捉摸不透，本尼迪克特为了塑造好这一人物，他真的去英国国会观察两派唇枪舌剑争论时政客们的表情变化。“你不相信我们俩能改变一切吗？”这句充满野心的台词从本尼迪克特嘴里说出来，给无数人巨大的鼓舞。在表达对威伯福斯的信任时，本尼迪克特盯着他的双眼说：“只有你才可以做到，只有你。”不是每个演员都能表现出男人之间的这种伟大友谊，但本尼迪克特可以做到，这从他后来在《神探夏洛克》的表现中更能看出来。

这部电影于 2006 年 9 月 16 日多伦多电影节上首映，紧接着在圣芭芭拉国际电影节和欧洲电影市场上放映。2007年2月23日在美国公映，这也是英国国会投票废除奴隶交易两百周年的日子。这部影片在美国的票房高达2000万美元，在全球总共获得3200万美元的票房。在2007年2月的首映周得到了最卖座电影票房前十的成绩。评论家称这些演员奉献了令人振奋的表演。对于本尼迪克特而言，这意味着更多。多年后他在《为奴十二年》中扮演一位奴隶主时，再一次表达了他作为白人的历史内疚感。

《奇异恩典》在英国315块荧幕上放映几个月后，本尼迪克特便开始为另一部影片做准备。由乔·莱特执导，伊恩·麦克尤恩的同名小说改编的电影《赎罪》，这一次他仅仅饰演一个小角色，尽管他在影片中出现的时间很短，却带给影评人和影迷们难以忘怀的深刻印象。资深影评人瑞安·吉尔比在《新政治家》中对本尼迪克特的表演赞赏有加："他扮演的道貌岸然的小胡子强奸犯很有效地推动了剧情，这不仅仅是因为他的行为对叙事起到巨大的推动作用，还在于本尼迪克特在本质上给予这个角色很大的宽度：每一个动作、抖动甚至是音调的变化都能感受到这个角色在追求那种自我的满足，这种对角色性格的理解远远超过了我们在电影中看到的表面。这个角色好像是真实活在电影、荧幕之外的。"

《赎罪》讲述了一个宽裕的英国中产阶级家庭的故事：想象力丰富的13岁少女布里奥妮刚刚开始尝试写作。一天，她暗中发现仆人的儿子——罗比·特纳和她姐姐塞西莉亚之间有暧昧关系，而且发现罗比给她姐姐写了一封情书。布里奥妮凭借丰富的想象力虚构着各种可怕的事情。当她的表姐罗拉被强奸后，布里奥妮相当肯定地表示她看到是罗比做的，这次指证使罗比蒙冤入狱，留下伤心欲绝的塞西莉亚，塞西莉亚也由此离家出走，独自一人闯荡。第二次世界大战爆发，罗比得知参军可以免除牢狱之灾，

**上图：**本尼迪克特的父母，蒂姆西・卡尔顿和万达・范森在1977年独立电视公司上映的《英国刑事法庭》中的剧照，一年后本尼迪克特出生。

**下图：**一张众所周知的本尼迪克特的婴儿照，1976年出生仅三天后，他与父母在位于伦敦西的皇家夏洛特医院。

本尼迪克特早期出演的电视剧《男人四十》，与他一起出演的有尼尔·亨利、艾玛·弗格森、西沃恩·休利特。

电影《恋爱学分》，与他一同出演的还有詹姆斯·麦卡沃伊、马克·加蒂斯、丽贝卡·豪尔、爱丽丝·伊芙，多年以后本尼迪克特再次与伊芙在《星际迷航：暗黑无界》中合作，与马克·加蒂斯在《神探夏洛克》中合作。

**左页上图：**2007年，本尼迪克特在英国伦敦皇家宫廷剧院演出《纵火犯》时的剧照，这是他喜爱的剧院之一。照片中是他和威尔·基恩、扎威·阿什顿、杰奎琳·德弗拉里、保罗·查希迪。

**左页下图：**2008年，本尼迪克特在《另一个波琳家的女孩》中的剧照。在该片中他与斯嘉丽·约翰逊的吻戏让他的朋友大为嫉妒，他还有机会与埃迪·雷德梅恩、娜塔莉·波特曼、吉姆·斯特吉斯进行这样的“合作”。

**右图：**2014年，本尼迪克特和他的新婚妻子苏菲·亨特领奖时的照片，他通过《弗兰肯斯坦的灵与肉》与约翰尼·李·米勒共同获得伦敦标准晚报戏剧奖以及英国戏剧评论圈奖的最佳男主角奖。

本尼迪克特和马丁·弗瑞曼在伦敦片场拍摄《神探夏洛克》第三季的第一集《空灵柩》时，他们边走边聊整季的内容。

**左页图：**2010年，《舞会之后》在英国国家剧院上演，这是本尼迪克特扮演的大卫·斯科特·福勒与剧中南茜·卡罗尔扮演的他的妻子琼的剧照。

**下页图：**本尼迪克特扮演的夏洛克·福尔摩斯，这个角色让他成为家喻户晓的人，也成为了英国观众心中最受欢迎的演员。

于是毅然参军。塞西莉亚也投入了保卫祖国的战斗，成为一名战地护士。布里奥妮放弃到剑桥升学成为一名军队医务人员。没有人能理解她的做法，只有她知道她怀揣着巨大的秘密和自责，她希望能够遇到姐姐塞西莉亚与罗比。她鼓起勇气，想把这秘密解开，希望真正得到宽恕。然而，世事变幻，出乎布里奥妮的意料。罗比最终没能从敦刻尔克撤回，而姐姐也在一次事故中丧生。留下巨大的遗憾一直陪伴着布里奥妮，一生都没得到救赎。

这是本尼迪克特继《恋爱学分》之后又一次与好友詹姆斯·麦卡沃伊搭档出演。麦卡沃伊在这部影片中饰演男主角罗比·特纳，这位管家的儿子努力上进，追求纯真的爱情，却阴差阳错地蒙冤入狱。后来，他被迫参军，英勇作战。这位蓝眼睛的英国演员饰演的这一角色圈粉无数。帅气、阳光、纯真、善良、勇敢，麦卡沃伊饰演的罗比无疑是少女心中的偶像。同时，布里奥妮的饰演者西尔莎·罗南也奉献了精彩的表现。对于布里奥妮来说，她一直都很虔诚地洗刷着自己曾经的过错——她在意识到有罪的刹那，她已被原谅。一个十三岁女孩的心计和出于无知的邪恶，只能归罪于爱情本身带来的歧义，而无须承担更多的罪责，也无须遭受更多的惩罚。其实真正应该赎罪的，是那对在通奸几年后还若无其事的男女，还有在树林里杀死大批孩子的刽子手，以及让全世界 9000 万人丧生的战争。对善良的人来说，罪是延续的，它在生命中的纠缠，犹如带着毒刺的藤蔓，无奈之下只能希冀以生命来赎取心灵片刻的安宁。正如陀思妥耶夫斯基《罪与罚》中杀了老板娘的拉斯柯尔尼科夫，那种无法解脱的罪孽感，让他最终只能在终生的苦难中忍受煎熬。

本尼迪克特在《赎罪》中的戏份不多，他饰演的富商保罗·马歇尔让人过目不忘。作为大发战争横财的巧克力生产商，他处处体现出自满与傲慢。同时，他的角色也是推动剧情发展的转折点，正因为他对罗拉的强奸行为被布里奥妮发现，布里奥妮才在没看清他的脸的情况下通过主观臆想诬蔑了罗比。保罗代表了“二战”前后暴富商人的道德沦丧，一方面没有传统贵族伦理束缚，另一方面因为商业上的成功产生的自满，使得这个角色带有铜臭气。本尼迪克特在出演这个角色时的小胡子让人尤为印象深刻，他在谈论工厂、股票以及战争时的样子令人厌恶，这是本尼迪克特出演的为数不多的反派角色之一。

《卫报》为本尼迪克特这个角色编写了一个专用术语“大荧幕下的小角色”。的确，他在《赎罪》中扮演的下流强奸犯被瑞安·吉尔评价为“温柔的险恶”。这一角色代表着一种现象，象征着人们在第二次世界大战前纯真不在。

人们以为这部影片会获得很多奖项，然而在包括最佳影片的六个奥斯卡的提名中，它仅仅获得了最佳原创配乐奖。不过影片在本土的成绩要好一些，在英国电影学院奖中斩获了最佳影片奖和最佳艺术指导奖。同时，在参加了威尼斯和温哥华电影节后，该影片团队也赢得了好莱坞的关注。《综艺》曾赞美这部戏为“命运多舛的爱情故事和独辟蹊径的叙事架构”。

本尼迪克特经常走红地毯，尤其是在英国，他受到了媒体广泛关注。他和他的电影在全世界获得了无数荣誉，也让他有了更高层次的机会。如果不是一名出色的演员，那么怎么能有机会被《神探夏洛克》的制片人苏·弗图和史蒂文·莫法特关注呢？在看过《赎罪》之后，他们在为夏洛克·福尔摩斯选角时不约而同地想到了本尼迪克特。

虽然影评人和电影爱好者常常说，本尼迪克特之后的成功取决于在《神探夏洛克》中的出色表演。其实，他的明星之路起始于他在《赎罪》中对角色的诠释。可是，就在此时，好莱坞电影制片人刚刚投来了橄榄枝，他还是坚持要留在伦敦的小舞台。在此期间，本尼迪克特获得在短片《不可分割》中一人饰两角的机会，饰演一对双胞胎兄弟。哥哥乔治是一个成功的商业人士，而弟弟查理则是一个浪荡不羁的穷小子。有一天，哥哥乔治被检查出患有脑癌，无法承受结果的哥哥联系了弟弟，却得知弟弟查理正因无力偿还赌狗比赛输掉的一大笔钱而一筹莫展。命运轨迹不同的两兄弟，因为这个特殊的原因再次聚到了一起。弟弟扮演哥哥的角色，去帮助哥哥继续维系他的家庭，不让他的妻儿因为他的离去而痛苦；而哥哥则扮演弟弟，去承担他所背负的债务，独自等待死亡。可以说他们是因为某种利益维系在一起的，也可以说是那种寄生在血缘关系中无法割断的渊源使他们再一次彼此信任。可惜的是，在"装扮好的弟弟"查理进门的一刹那，这个被乔治精心策划的"善意谎言"却被他最亲近的枕边人一眼识破。发自内心的恐慌和疑惑，让乔治的妻子对眼前的一切哑口无言。这部短片描写了一种在极端状态下的复杂情感。虽说，亲情与爱情都不可分割。但源于亲人之间无法言喻的"爱"不但能给这种分割的痛苦找到一个出路，也有可能使得当事人陷入更深的绝望中。本尼迪克特在片中充满了文艺气质，给短短的八分钟的电影短片赋予了丰富的内涵，一人分饰两角也游刃有余、拿捏有度。

# 第五章

# 曲折的上升期

SOUL OF
SHERLOCK
BENEDICT CUMBERBATCH

英国皇家宫廷剧院坐落在伦敦西部的斯隆广场旁，很多经典剧目都把首映放在这座不拘一格的舞台上。包括贝尔托・布莱希特、珍・萨特和塞缪尔・贝克特的作品。它也是《洛基恐怖舞会》全球首秀的场所。1960年，本尼迪克特的父亲曾在这里表演《我是一个爱国者》和《诀窍》。40年后，本尼迪克特绕了一圈又带着他的家人回到了这里，命运真的很神奇。

就像他的父亲一样，本尼迪克特在这座剧院和观众一起讨论他的角色以及《犀牛》和《纵火犯》的政治性，他的作品一部接一部，有时候让他也吃不消，本尼迪克特的身体为此承受着挑战。有一次，在拍摄过程中他得了胃溃疡，虽然他对自己能坚持完成拍摄感到非常骄傲，但是病情越来越重。如果你仔细观察过本尼迪克特，可能会发现他的上嘴唇有一个痕迹，那正是在南非的劫持事件中留下的。有时候他的同事会拿这道痕迹开很过分的玩笑，对此，本尼迪克尼总是一笑了之。

不管影评人如何评价他的表演，在本尼迪克特每部戏中总有那么一个闪光点。在《犀牛》中他饰演自满的角色，被认为达到了一个新的高度，并且也让观众再一次看到了他的喜剧天赋。

本尼迪克特并没有因自己取得的成就而沾沾自喜，相反，他更加在意自己的公众形象。艾玛・约翰在《观察者》中写道："他像是大隐于市的天外来客。"同时，《周报》宣称他"已经不再是那个可爱的小男孩"，并写道，"他的长相十分有辨识度，他有高高的颧骨、迷人的蓝绿色眼睛、高耸的鼻子以及浓密的头发，最值得强调的是他有性感的嘴唇。总之，他有着惊人吸引力的外表”。直到今日，本尼迪克特都对他的外表缺乏自信。但是皇家宫廷剧院的工作人员可以证明，他在这400个观众席中赢得了多少的粉丝，甚至很多粉丝长时间地等在门外就是为了见他一面或者与他拍张照片。他甚至没有时间和相恋数年的女友奥利维亚·波莉约会，为此他们分分合合很多次。而本尼迪克特早就知道他唯一有时间相处的，只有他的观众。

与大多数演员不同，本尼迪克特的生活、处境总是频繁出现意外状况，但是他凭借着机智总是能巧妙地化解这些危机。2007年，有人在斯隆广场的更衣室曾经问本尼迪克特，他的职业生涯将往哪个方向发展。他当时说他并不太确定。“很多人认为我应该说我的雄心是要接管这个世界，但是我非常开心我现在得到的一切。”还有记者曾经问他是否觉得现在被舞台所困住了。“这是最棒的地方，”他说，“听起来可能有些令人不可思议，但是作为一个演员，我上升得越高就越需要这个舞台，这个舞台是养育我的地方，离开它我简直生不如死。我只有把当下的事情做好的决心，并没有任何长远的策略。”是的，在现实生活中，他依旧是那个时尚、自谋生路、曾经依靠奖学金生活的男孩，没有太多戏的演员。“我热爱舞台剧，虽然它并不能维持我的生活。”他再一次强调。

维持他生活的是他接下来拍的两部电影。在出演了众多古装影片和经典的舞台剧之后，他因为能参加这一部当代电影《斯图尔特：倒带人生》而感到高兴。这部电影由英国广播公司新出品，本尼迪克特在里面扮演一位作家，靠写作去回忆他无家可归的好友斯图尔特的一生。自这部影片开始，本尼迪克特开始关注弱势群体，尤其是无家可归的人。他也因此长期为王子受托基金筹款。

一开始，《斯图尔特：倒带人生》看起来与之前的《霍金的故事》属于一个类型，又是依据真实故事改编的，这一次是基于亚历山大·马斯特斯关于斯图尔特·克莱夫·肖特的自传，他是一个生活在剑桥街的流浪汉。根据电影名可知，这次使用了不寻常的拍摄手法去展示斯图尔特的生活，从他成人阶段回到他的童年，他曾是瘾君子、小偷、绑架者、精神病，以及性生活糜烂的受害者，这些组成了他失败潦倒的人生。

本尼迪克特还在拍摄《赎罪》的时候，就曾接到一个电话问他是否对这个剧本感兴趣。他是否感兴趣呢？回答是肯定的。当时这本小说已经非常成功，改编成电影只是时间的问题。原著并没有用悲伤或自怜的口气来诉说哀伤的生命片段，反而能以充满趣味的口吻娓娓道来。汤姆·哈迪饰演斯图尔特，大多数人评价整个故事是令人痴迷的，混合着嬉笑怒骂和令人不安的元素。从未回避斯图尔特生活中令人不快的部分反倒让这部电影大获成功。比如他的罪恶行为和滥用暴力，然而专业影评人大喊："永远不要失去或者疏离旁观者的支持，这是一个神秘的把戏，就像狄更斯笔下受压迫的角色一样。斯图尔特自己就是他生命中的英雄，而哈迪只是让他的生命更加美丽！"

本尼迪克特的戏份远远比不上斯图尔特，但是他用一种特殊的方式来传达他的角色特点，"顽强和深奥让他同样引人注意"。从一开始的冷漠，挖苦慈善工作者只是为了薪水或者是轮休制度。到后来同情流浪汉，愿意去帮助他们。本尼迪克特认为，作为斯图尔特的朋友，他是非常满足的。

原著作者亚历山大·马斯特斯的第一直觉认为这个故事值得被讲述，尼尔街公司为他努力争取了版权去拍摄这部批判性的回忆录。"用极度的暴力来强调黑暗！”制片人皮帕·哈里斯解释道，“这部影片幽默的地方在于因友谊产生的巨大温暖，这种累计的效应非常具有能量。”哈里斯也指出，“斯图尔特这种小众的故事本质上讲述的是两个来自完全不同世界的个体建立起的深厚友谊，在观看时让人觉得特别痛心。”

“就像汤姆·克兰西的悬疑谋杀影片，按理说人们不会试图去了解一个无家可归的人，”哈里斯继续说，“我们认为斯图尔特的生活十分奇特，甚至比一些名人和政治家的自传更加吸引人，而他们的故事已经被很多电影所撰写，所以我们想要保持一种平衡。”

英国广播公司戏剧部主管简·忒兰特也有同样的观点，并且把这个题材交给了同事朱利·加德纳。虽然事实上马斯特斯没有写作剧本的经验，但是忒兰特相信自己的直觉，认为马斯特斯是完成这个剧本的最佳人选。“在看了初稿之后，我们给出了一些建议，然后他写出了完整版。”哈里斯承认，虽然那时已经出品了《恋爱学分》和《革命之路》这样优秀的影片，但哈里斯和联合制片人塔拉·库克一下就被马斯特斯的故事吸引了。

无可置疑，这部小成本制作的电视影片一经播出就获得了空前的关注。本尼迪克特和汤姆·哈迪的联袂出演让这部悲惨的人生题材的电影充满了幽默与温情。剧中本尼迪克特饰演作家亚历山大·马斯特斯，一个慈善家，在为流浪汉提供免费住所和食物的收容所工作。故事开始于收容所的主人露西和约翰因其收容所有人暗地交易毒品而获刑，这两位好心人的遭遇让亚历山大愤懑不已，他决定组织活动声援两人。他的决定得到了众多流浪汉的支持，包括斯图尔特——露西和约翰曾给他提供过衣物。在亚历山大和斯图尔特一起活动的过程中，亚历山大被斯图尔特完全不一样的世界吸引并决定为他写传记。随着两人沟通的深入，亚历山大对斯图尔特的态度彻底转变，从一开始的鄙夷和猜忌，变为后来的尊重与认同。他为斯图尔特人性中善良友爱的一面深深感动，他一直倾听着斯图尔特的心声，他决定帮助斯图尔特渡过难关。然而，随着斯图尔特身体和精神上的病情越来越重，故事最终选择了死亡作为他的归宿。

对于人生，斯图尔特有一种很清醒的智慧。他在这部电影里面的每个想法、每句话，都熠熠闪光。对于那些在浑浑噩噩中生活的人，斯图尔特简直可以成为他们的精神导师。在他面前，80% 的所谓中产阶级都可以躲到角落里自惭形秽。他曾经是个无忧无虑、体贴阳光的小男孩儿，如果他的人生风平浪静，或许他也会变成一个聪慧、无忧无虑、体贴的男人。可是这个小男孩“被杀死”了。斯图尔特清醒得可怕，他清楚地知道，是什么“杀死”了那个男孩儿。但是，他只给亚历山大提出了一个预设答案的暗示，让他在回溯人生的过程中自己寻找答案。于是我们看到了很多苦难，很多悲剧。但是斯图尔特打动观众的原因非常简单：他不快乐，但他从未将自己的不快乐归罪于这个世界，或许正是这份清醒让他更加痛苦。尽管周围的一切带给他的只有不幸，但他心底仍然想去拥抱这个世界。他认为自己真正的悲剧始于暴力，但他甚至不恨暴力，他平静地说：“暴力也不想无家可归。”他恨的，只是那个发现暴力的自己。

斯图尔特的扮演者汤姆·哈迪作为私立学校毕业的人，不知道为什么总是得到这种痞子角色，但不可否认的是他真的演得极为出色。他的表演极为真实，细致入微且充满爆发力。复杂的性格表现得淋漓尽致：对于中产阶级的偏见和亚历山大的好意的困惑、愤怒和抗争。

很多人都诟病本尼迪克特在这部片子里的光芒被汤姆·哈迪完全掩盖了，其实，这种看法是带有偏见的。本尼迪克特扮演的角色，是个无聊的中产阶级。相比里外如一的斯图尔特，亚历山大必须更为内敛。本尼迪克特很好地表现出了中产对于下层的偏见，他的表情和语调都是那种克制住的蔑视，加上一点点傲慢和同情，火候拿捏得很到位，让剧情的走向也很丰满真实。有起伏，却不过分夸张，都是正常生活中的合理波动。顺着斯图尔特人生的起起落落，亚历山大一直在他身边陪伴和记录。快接近片尾时，斯图尔特打着领带穿着西装，安安静静地对着亚历山大，把他的人生用充满智慧的方式讲述了一番。仿佛有种拨云见日的感觉——斯图尔特从今往后要和亚历山大幸福快乐地生活在一起，中产阶级又拯救了一个边缘群众，人类又朝着理想国的方向迈出了坚实的一步，仿佛只要继续努力下去，世界大同的目标最终可以实现一般。可是，斯图尔特死了，死在了火车滚滚的车轮之下。在这里，破灭的不光是斯图尔特的生命，也是亚历山大某个理想的肥皂泡。倒带的人生意义，在于毫不客气地戳破我们的乌托邦主义。尽管这个沉重的话题是用无比轻快温暖的语气讲述出来的，尽管亚历山大和斯图尔特的一切都那么美好，尽管片尾让亚历山大调皮地把自己的书换到了《达·芬奇密码》中间，他还轻轻地笑了一下。就算外面披着多么轻巧如天鹅绒的帷幕，但当这层帷幕滑落，露出来的，都是浓浓的无可奈何。

在《斯图尔特：倒带的人生》之后，本尼迪克特的下一个角色同样扣人心弦。曾经那个连詹姆斯·邦德的游戏替身都没入选的演员，如今也涉足了动作电影《最后的敌人》，这个影片讲述一个人为了追查他兄弟真正的死因，不顾安危，将自己置身于一个国际犯罪团伙之中，同时也获得了一段风流韵事。

的确，英国广播公司出品的《最后的敌人》这部电影的拍摄满足了本尼迪克特的所有期望。这是他出演的第二部当代题材作品，他向媒体表达这是一个极具吸引力的故事，涉及了国家监控和个人自由的尖锐问题，一些特殊的人在特殊的环境下引发了巨大的政治风波。“我每天都要为生存奔波，被暴打或是和嫂子谈情说爱，”当拍摄结束时他告诉《独立的伦敦》的记者，“不停地躲闪暗杀者设下的圈套，生活在肮脏的地下停车场，跌跌撞撞地走路，不知道多少政客要谋害我。”

剧情是这样的，本尼迪克特扮演的斯蒂芬，刚刚从中国的研究所回到英国，去参加麦克（扮演者马克思·比斯雷）哥哥的葬礼。“我们见到史蒂芬的时候他的人格已经混乱到了极致。”本尼迪克特说，“他从希思罗机场的一架飞机里出场，从那个封闭的飞机中回到了另一个世界，这里有他的家人和自由的空气。他不是你想象的英雄，而是被卷入了一个故事中而失去控制的人。”

本尼迪克特继续说道：“史蒂芬的骚动从他在葬礼上遇见嫂子雅斯开始。他原本打算回到中国，但是没承想自己会爱上这个特别的女人，他哥哥的妻子。之后，他被要求参加一个政府项目。他发现很难面对接下来发生的任何冲突。起初，他无动于衷，甚至不知道自己该相信谁，该依靠谁。然而，与其被动接受，他还不如主动出击。”

本尼迪克特要花很长时间去筹备这个角色。他在此片中扮演高智商、低情商的数学家，有精彩的案情推理能力，这让我们隐隐看到神探夏洛克的前身。“史蒂芬是一个难以置信的明亮却又孤独的灵魂。身为科学家的他在工作时，就好像在阅读盲文。其中有一些非常美丽的东西吸引着他，因为超高的能力，他总能在无序中看出章法，找到关联。这也是为什么他的工作吸引了政府的关注。我曾经研究过忧郁症和强迫症，发现外科医生的洗手方式很适合史蒂芬，就像一个强烈并完整的仪式。由于他的母亲是一个小提琴家，并且史蒂芬的身体也很灵活，因此我想出了一个主意使他的形象更加丰满，比如，当他思考时就会有习惯性的手指抖动。我非常开心导演允许我可以为人物设计一些故事，但是一定要设计得非常缜密。”最后，本尼迪克特表示：“我最终还是十分喜欢这个角色，他虽然非常古怪，但是他可以做到绝对理性。通常情况下，人们如果怀疑自己的判断，就会变得分裂，比如面对不想面对的事情、不想参与的社交或者不想被互相制约的关系。”本尼迪克特最喜爱的还是史蒂芬在影片中戏剧性的改变，“开始时，他是一个中立没有个性的人，他身上唯一的颜色就是他的头发和眼睛。他很强壮并且饮食也很健康，他的风衣遮掩住了他的锋芒。随着剧情的推进，他挨打并且受伤，越来越狼狈，却学会了用枪和更多的生存技能。他也变得更加粗暴和放纵，甚至有些圆滑，他时刻警觉，除了面对自己深爱的人。”与此同时，本尼迪克特承认在后面的剧情里更加熟悉史蒂芬这个人物，“在屏幕上打字并不是我所擅长的，我必须要学会一边打字一边说话，这件事真的很棘手。相较而言，我更享受当一个动作英雄，而不是敲敲键盘的呆子。当我学习基础的特技驾驶，最后踩足油门躲过爆炸时，那种感觉真是太有趣了。”

他的搭档在拍摄过程中也给他带来不少收获，“安娜玛丽亚·玛琳卡是一个优秀的演员，我很认同她专业的态度。在布加勒斯特拍摄时，天气格外炎热。那个小房间里还有很多 5000 瓦特的灯，需要你付出坚强的意志和无比的专注。在拍摄对手戏时我们必须共同克服这个困难，尤其对母语并非英语的她来说更加困难。另外，和麦克斯合作也非常愉悦。在现实中我们看似相仿却有着天壤之别，但是我们依旧成为了非常好的朋友。他待人热心，工作时有充沛的精力，是一个真正的绅士。当然，罗伯特·卡莱尔也很棒，他和拉塞尔一样出色，是一个非常值得信任的人。这是一个巨大的工程，然而导演不停地给予每一个人鼓励。他有着无限的能量，小狗般的热情以及完美的大局观。”

毋庸置疑，本尼迪克特在他的演艺之路上继续迈进。下一个角色给了他一个不小的小惊喜。本尼迪克特在《另一个波琳家的女孩》中饰演玛丽·波琳的丈夫威廉姆·凯里。玛丽在片中曾是亨利八世的地下情妇，而她的妹妹安妮也成为了君王的第二任妻子。然而，本尼迪克特接演这个小角色有他自己的原因。这是一部投资3500万欧元的大制作，他还有机会和自己最喜爱的演员一起搭戏，最重要的一点是在戏中他将有机会亲吻斯嘉丽·约翰逊！他回家以后嘲笑了所有否定这个角色的朋友。

影片改编自英国小说家菲利帕·格里高利创作的同名畅销小说，一对姐妹花玛丽·波琳和安妮·波琳在她们那极具野心的父亲和叔叔的安排下，以提升家族的地位、权力与荣耀为目的，被送进宫，向英国国王亨利八世大献殷勤，只求获得国王的喜爱，他们的家族从此走上通向荣华富贵的光明大道。但是姐妹二人习惯了乡下生活，在皇室内的生活显得格格不入。

影片从另一个侧面讲述了亨利八世的一段风流史。亨利八世的第一位王后，西班牙公主凯瑟琳，她本是亨利八世哥哥的未婚妻，青春年华的凯瑟琳有着金色的头发，蓝色的眼睛和白皙的皮肤，18岁的亨利迎娶了这位大自己6岁的新娘，婚后20年中，王后在政治上的才能、贤良的品德无可挑剔，除了一直未有皇子（四个男孩均夭折）和逝去的容颜之外堪称完美，而此时的亨利早已私生子遍布，并且疯狂地迷恋上安妮·波琳，于是一纸离婚协议递到凯瑟琳手中。她无法接受自己的婚姻被说成“不合法”，并要被逼承认自己唯一的女儿是私生女。她开始据理力争，这场漫长的离婚诉讼案闹到了罗马教皇那里，慑于凯瑟琳的外甥——西班牙皇帝查理五世的威势，教皇驳回亨利的申请，早已对教会看不顺眼的亨利八世与罗马天主教廷决裂，彻底来了个政教合一。可怜的王后被流放，没几年便郁郁而终。后来她和亨利唯一的女儿玛丽继位，女儿没有忘记母亲和自己曾经受到的屈辱，极力镇压新教运动、迫害改革派，并恢复天主教，历史上称她为“血腥玛丽”。千日王后安妮·波琳算得上是亨利八世六位王后中最富于戏剧色彩的。从法国学习回来的她接受了新教的思想。安妮天资聪颖且富于心计，很快便凭机智的谈吐吸引了国王的注意。一方面她以高超的手腕对亨利欲擒故纵；另一方面拉拢改教派、占星师，最终戴上了王后的桂冠。她依仗国王对自己的宠爱排除异己。然而女儿伊丽莎白的出生让盼子心切的亨利大失所望，加上他那喜新厌旧的习惯，安妮发现自己的地位岌岌可危，纵使再聪明的她也开始乱了分寸，不恰当的表现加快了亨利对她的厌倦。此时，亨利又看上了前妻的侍女简·西莫。亨利决定除掉安妮，反正他已经凌驾教会之上了，其手下几个幕僚察觉到风向，立刻捏造若干罪名安在安妮身上，包括“与亲兄弟通奸”，于是定了她的死罪。被关入伦敦塔的安妮陷入疯狂，待到出庭时却异常平静，以王后的尊严否认了对她的指控。行刑前，她的话也让在场的人异常平静。再后来，安妮的女儿，也就是历史上赫赫有名的伊丽莎白一世总算拨乱反正、替母报仇了，但她登上女王宝座却终身未嫁，史称“童贞女皇”。

由于娜塔丽·波特曼和斯嘉丽·约翰逊是当今影坛公认的最聪明、最有天分的女演员，所以与她们一起合作演戏时的细节，自然就成了大家最关心的话题。

本尼迪克特在影片中扮演了玛丽的原配丈夫威廉姆·凯里，在剧中以年轻朝气的贵族身份出场，两人的婚姻十分美好。玛丽经常给姐姐诉说凯里是个温柔的爱人。面对斯嘉丽，本尼迪克特并没有失去自己的光芒，两人在结婚的大喜之日愉快舞蹈是整个诡异的政治氛围中难得的温馨画面。可惜，最后两人的婚姻成为了政治的牺牲品。在玛丽被国王看中并挑选入宫后的舞会上，本尼迪克特饰演的凯里看到自己的妻子跟随国王的步伐回到王宫时，只能不停地喝酒才能抑制内心复杂的感情。本尼迪克特的这一个眼神将那种不甘、悔恨、嫉妒、愤懑、无奈的情绪表露得淋漓尽致。

在拍摄完《另一个波琳家的女孩》之后，本尼迪克特再次远离聚光灯，他与自己做了一次关于职业生涯的心灵对话。他已经在广播剧中有了一番作为。他的声音非常与众不同，有很强的可塑性，能完美地适应各种类型的题材。这些年，从《神秘博士》到《布莱克斯七号》都能听见他的声音。本尼迪克特也出演过斯蒂芬妮·科尔执导的喜剧《座舱压力》，并且在最新的广播系列剧《法庭上的鲁波尔》中饰演“年轻的鲁波尔”。

在克里斯多夫·莫利斯指导的备受争议的电影《四头狮子》中，本尼迪克特扮演了一个小角色。《四头狮子》是由 Film4 公司于 2010 年 5 月 7 日推出的一部喜剧类影片，该片由克里斯多夫·莫利斯执导，里兹·阿迈德、凯万·诺瓦克等主演。影片讲述了在位于英国北部的谢菲尔德市，奥马尔、瓦吉、巴里和弗索尔这四个男人正在执行一个秘密计划，他们都因为极端的暴躁，决定执行一次自杀爆炸任务。他们中将会有一个人成为携带炸弹的牺牲品，可是四个人很快就发现，原来完成一次恐怖袭击并不像听起来的那么简单。克里斯多夫·莫利斯经过几年的电影摸索，才开始执导自己的第一部影片。在该片的编剧团队中，莫利斯邀来杰西·阿姆斯特朗与山姆·拜恩，其中，杰西曾经执笔英国政治剧《幕后危机》，并在2009年提名奥斯卡最佳改编剧本奖。本尼迪克特在《四头狮子》中饰演了一位谈判员，这位谈判员甚至都没有名字，但仍然令人难忘。这个角色的笨拙让人想起他在《恋爱学分》里面的角色。本尼迪克特在此片中再次主导了表演，相对于人们预期的谈判员形象，他的表演让人耳目一新。他知道自己在电影、电视、舞台剧中所扮演的众多角色还远远不及在广播剧中那样丰富，这些经历让他对自己下一步的发展做出了深刻的思考。有一种声音告诉他：拍一种类型的电影会让你处于危险边缘；而另一种说：总饰演一种类型的角色会让你熟能生巧，从而得到更多的机会。他为如今自己在英国舞台已经成为知名人士感到茫然，这种忧患感支持着他日后选择去好莱坞闯荡一番。

《造物弄人》成为了本尼迪克特下一个选择的影片。它重新讲述了达尔文撰写《物种起源》的传奇经历，并描写了在创作过程中，他们夫妻之间关系的微妙变化。《造物弄人》改编自兰德尔·凯恩斯的传记《安妮的盒子：达尔文，他的女儿和进化论》。作为科学家的达尔文和他的笃信上帝的妻子艾玛之间难以言传的精神隔阂成为了整部影片的重点。由老牌导演乔恩·阿米尔执导，现实中就是夫妻关系的保罗·贝坦尼和曾获得奥斯卡最佳女配角奖的詹妮弗·康纳利扮演达尔文夫妇。说着一口流利的英式英语的詹妮弗·康纳利在影片中看起来既端庄贤淑又敏感脆弱，她饰演一个挣扎于失去亲人之痛的女人。“电影很感人，两人却又如此相爱。她只是不明白为什么丈夫要冒险撰写那样的东西：既置自己于一种危险的境地，也冒着与他的妻子和孩子永远分开的危险。”

2009年是达尔文诞辰200周年，在这个时候推出这样一部作品，不仅是对这位伟大的科学家的一次纪念，也是对他的形象的一次再造。影片在庄重的优雅下，藏着的是无数隐忍的情感，这些情感渗透到每一个细节中。达尔文也许不会知道，他内心的挣扎引发的却是长达150多年的争议。《物种起源》面世后引发了宗教势力的狂怒和谴责。达尔文被视为英国最危险的人。影片并没有将重点置于这种冲突性、话题性十足的对抗上，而是讲述了达尔文的家庭生活和精神世界，尤其是他和妻子艾玛之间的精神隔阂以及和女儿夭折前的情感交流上。作为科学家和丈夫两个不同社会角色，达尔文在感性和理性之间的那份挣扎和困顿被忠实地还原。对孩子的疼爱，与神父“好友”的摩擦，和妻子之间的争吵……导演对这些细节的充分描述，揭开了一位科学家生活中平凡而细腻的一面。

本尼迪克特在片中饰演的角色是达尔文的好友约瑟夫·胡克。约瑟夫·胡克是英国皇家学会院士。曾到南极、印度、新西兰、北非、北美等地考察，研究了美洲及亚洲植物的关系，证明进化论对植物学的实用价值。胡克对植物学的贡献是巨大的，他再次确立了邱园作为世界首要植物学研究中心的地位，在他的努力下，经济植物在各殖民地得到普遍种植，英国的繁荣和殖民地的扩张也得益于此，当然后者是作为植物学家的他所始料未及的。他所发现的喜马拉雅山杜鹃的后代，保证了日后全世界园林中每年春天都有亮丽的风景。胡克的另一大贡献就是协助并鼓励达尔文完成了《物种起源》。片中，本尼迪克特饰演的胡克作为好友，多次在达尔文遇到困难的时候出现，他认为达尔文将改变世界。当达尔文因超负荷工作，身体变得极差时，他又强行要求其接受治疗，并帮助达尔文恢复健康。

在完成《造物弄人》的拍摄之后，本尼参演了一部电视剧《小岛》，这为其赢得了短暂的荣誉——BAFTA 电视奖最佳男配角提名。《小岛》讲述了“二战”前牙买加人为宗主国英国参战和战后他们作为新一代移民在英国生活下来的变迁史。全剧以移民英国的牙买加少女霍顿斯和英国少女坤妮的爱情故事为线索，用一种全新视角再现了那一段历史。本尼迪克特饰演的伯纳德是个在银行工作的男人，平时少言寡语，就算是面对心爱的女孩，也很难说出一句浪漫的话。但他一直默默地、真心地爱着坤妮，甚至能够接受坤妮出轨后带来的那个孩子。他木讷、懦弱、没有什么理想，只是想和自己的妻子过着平平淡淡的家庭生活，还把自己的房子默默归到坤妮名下。对坤妮来说，麦克也许是难以磨灭的记忆，但伯纳德是那个真正可以托付终身的人。他爱得如此深沉甚至让坤妮怀疑爱是否存在，可是这份静默的爱却像磐石一样坚韧，在生命的大风浪中岿然不动。年轻时的人们都喜欢刻骨铭心的爱吧，可当热情骤然降温时，心瞬间冻结。在影片中，伯纳德的爱像温火一样慢慢地煨着，却永不间断。

每一种声音都需要被倾听，当经纪人告诉本尼迪克特，他有机会在英国国家剧院出演特伦斯·拉蒂根《舞会之后》里面的角色大卫·斯考特·弗劳尔时，他欣然接受，不仅仅是因为这角色是大多数演员梦寐以求的，更是因为他对舞台剧的那份热情。

《舞会之后》描述了在“二战”来临之前的经济萧条期，有些人依旧辗转于各种酒会和派对。这部舞台剧最开始在 1939 年公映并得到一致好评，然而却随着国民思想意识的改变没多久就下映了。所以在舞台上仅有为数不多的几次演出。然而，拉蒂根诞辰一百周年之际，他的作品又被大家重新搬上舞台。《舞会之后》看起来很适合在国家剧院演出，不过根据这部剧的导演希娅·莎罗克表示，把这部不太出名的作品重新搬回舞台还是有一定难度。国家剧院的院长尼古拉斯·希特纳起初有些不情愿。他说：“我不这么认为，让我看看还有没有其他的选择。”但是在重读这部舞台剧之后，希特纳改变了主意。莎罗克表示经过一段时间的沟通，这件事还是千方百计地促成了。

当然，拉蒂根也是本尼迪克特接手这个角色的一个因素。他反复读《舞台之后》的剧本，感觉这个剧本深入人心。“我能感觉到那些时刻，那种感觉就在我的皮肤下蠢蠢欲动，就像一段即兴音乐，但是它的背后还有更深层次的东西。我被这种状态压抑了很久，我储存了这些感情并最终都将它们释放开来。所有的细节，有些你即使想破脑袋都无法寻找到任何规律。还有一件事就是我和拉蒂根来自同一所学校，甚至住过同一栋楼。我也加入过拉蒂根戏剧小组。”总而言之，所有的一切都表明本尼迪克特的经历让他成为扮演大卫最合适的人选。

本尼迪克特同时也意识到，他演的那个角色既是一个挑战也是一份礼物。他是一个非常机智的“暴政之王”，他对女人们有着无法抵制的吸引力，对一切他周围的事物都具有毁灭性。“在他自私的性格中孩童般纯净的部分很难演绎。”本尼迪克特说，“我不得不尽量演得冰冷可爱一些而不是让这个角色变得可憎。”他唯恐自己过多地带入现代的相关背景，尽管事实上他认为“二战”时期的紧迫感和当今社会人们普遍的不确定性颇有相似之处。

经历了几年在小舞台剧和低成本电视剧的磨炼后，命运终于有所回报。2010年的夏天，本尼迪克特获得了巨大的成功。这个时髦的少年终于成为了主流人物，这个世界迎来了新时代的夏洛克·福尔摩斯。不过在此之前，他必须先完成《舞台之后》以及努力推广他出演的胡德的新剧《第三者》，这部影片在伦敦电影节首映。

本尼迪克特在《第三者》中扮演的大卫是一个教师，与他刚结婚的妻子道恩（克莱尔·福伊饰）回到了童年生活的村庄，准备生儿育女。田园牧歌的生活看似很美好，但两人的关系却由于道恩迟迟没怀上孩子以及建造梦想家园的压力而逐渐紧张起来。大卫的弟弟尼克（肖恩·埃文斯饰）的突然出现，更是令夫妻二人的关系雪上加霜。尼克刚刚从部队休假回来，他患有创伤后应激症，道恩也鬼使神差地被他的各种负面情绪所影响，渐渐地，兄弟俩曾经被掩盖的秘密也被揭露出来，道恩开始怀疑，自己是不是真的了解她的丈夫。

在平日斯文的丈夫身上，道恩看到了丈夫对自己不曾有过的热情，她看到了他一瞬间从失魂落魄到欣喜若狂的戏剧性转换。丈夫就从这一刻开始变得疏远和陌生起来，那个熟悉的大卫渐行渐远，而她看到了隐藏在丈夫身体内的另一个人格。

影片从来没有确切讲述过三位主角的过去，结局也都是开放式的。从道恩和尼克的聊天中得知道恩不仅是领养的，且继父母已经不在，恰好最近又刚刚跟随丈夫抛弃了曾经拥有的社会关系。可是在尼克到来之后，大卫逐渐展露了之前不为人知的性格，在两兄弟日常频繁的口角之中大卫的阴暗面逐渐暴露出来。弟弟尼克患有严重的精神问题，他不向往婚姻，对稳定的物质生活没有任何期许。道恩在尼克出现后感到丈夫不再是自己曾经信任的人，她也不知道在互相指责的两兄弟中究竟应该信任谁。虽然大卫和道恩来到了乡间，想要告别城市的喧嚣，但是常年的生活习惯已经洗之不去，于是道恩开始更偏执地想要怀孕，更多也是源于陌生的环境令她产生的惶恐不安和自我怀疑，拥有一个孩子就像给自己摇摇欲坠的生活注射了一剂安慰剂。

影片最后，大卫知道了道恩的孩子并非自己的，而道恩自然也知道自己的小孩不可能是来自不能生育的丈夫，但是他们都选择了吞咽这一不幸的事实，而拥抱自己愿意去相信的幻象。这也是导演刻意留下开放结局的寓意，因为在人的生活中真相的暴露程度和幸福程度从来都不成正比。观众对真相的困扰以孩子的出世烟消云散。如果真相带来痛苦和怨恨，谎言才是能让人继续坚持下去的动力，很多人都会不约而同地选择后者。

《第三者》被认为是本尼迪克特第一部主演的电影长片。他几乎是与《神探夏洛特》同时拍摄。本片是导演 D.R. 胡德的电影长片处女作，她在戏剧执导以及编剧方面也有着出众的才华。在本片中，她也兼任了编剧一职。这部自编自导的电影精准地把握住了人与人之间的脆弱关系，将亲密和背叛用一条微妙的线穿起来，令人回味。

影片中，三个主角的戏份都很足，而且也没有完全的好与坏之分。对于剧中两兄弟的关系，胡德说:“兄弟情深、二元性这些都是令我着迷的地方，我很开心能够让肖恩与本尼迪克特搭档饰演兄弟，尽管他们在表演经验、方法和个人性格上都有着迥异的风格，兄弟俩的关系在他们的演绎下也显得相当唯美。”原本电影有一个封闭式的结局，但最后导演胡德和她的编辑卡莱尔选择了一个更加开放的结局，胡德说:“女主角道恩并不想真正看到兄弟俩之间的问题，其实，她的视角正是我们看电影的视角，在编辑和试映的时候我们发现，通过大家自己的方式讲述关于他们的故事效果会更好。另外，我们认为，鉴于大卫这个角色擅长花言巧语，道恩仍然会爱他并回到他身边。”

本片中，长相温柔帅气的本尼迪克特尝试将大卫波澜不惊的表面下激流暗涌的心情淋漓尽致地展现出来。在许多重要镜头中，他都只是静静地站在那里，好像与背景融为了一体，因为在导演胡德看来，乡村背景本身也是电影中对人物性格塑造的一个重要元素，然而当他的情感不可避免开始爆发时，观众的震惊也是理所当然的。对于即将忙碌在各种大手笔、大制作中的本尼迪克特来说，在这部英国本土的文艺小众电影中饰演一个“正常人”也是件值得骄傲的事，他表示很高兴在片中与其他演员有着即兴发挥的机会。本尼迪克特说：“导演胡德对世界有很清晰的认识，对于剧中人物所处的背景都有非常详细的注解，但是她仍然让我们自己去琢磨和发掘出自己对故事的感受，这一点值得我敬佩。”他表示，“大卫的角色比较复杂，长得帅、性格好，又很忠诚，但是他的情绪一直被压抑，他很委屈却没有勇气反抗。因此，只有了解他的过去才能明白他现在的一些行为，不过我认为在最后剪辑时，给观众留下了很大的空间去发挥想象力，而不是像多数电影一样硬塞给你一个结局。我认为让观众扮演侦探比向他们解释一切更好，因为后者很容易让他们转眼即忘。”

2010 年注定是本尼迪克特事业的转折点。在这一年的夏天，他主演的影片《第三颗星》在爱丁堡国际电影节上首映。该片导演哈蒂·道尔顿曾经获得过英国电影学院奖的短片奖，这是他的首部长片，讲述了一个关于对接近死亡和生命认知的“在路上”的独特故事。谈及这部影片的制作过程，本片编剧兼制片人沃恩·西维尔说：“我一直想拍摄一部与众不同的影片。在这个国家里，我们制作了太多类似的东西，这其中有很多是短片。实事求是地说，浪费了很多资金。我和亚当·罗伯特森有一个共同的想法，就是拍摄一部令人深思的影片。后来我们得到了威尔士电影制作部门的支持。为了这部电影，哈蒂·道尔顿和我用掉了 4 年时间筹备。这是他的处女作，他对一切都非常谨慎和注意。”为了能让影片尽善尽美，剧本被再三修改。每一句台词、每一个细节都经过了深思熟虑。哈蒂·道尔顿说："对剧本的精雕细刻是绝对必要的，因为在拍摄期间你会对整个故事产生新的想法。所以修改故事、人物的过往和台词也是顺理成章的。这么做的好处就是整个电影会显得非常丰富、每一个细节都很有意思。在拍摄过程中，我们会常常讨论影片的细节，尽量让一切都无懈可击。而且，我发现，让一些人看每天拍的片段，让他们提出建议，然后在第二天的拍摄中进行修改是非常有好处的，这么做可以提前发现问题并且让影片符合大多数人的审美口味。"

《第三颗星》给本尼迪克特提供了一个更加有挑战的角色。影片的故事情节非常简单，30岁的詹姆斯被诊断出癌症晚期，时日不多。对生活灰心丧气的他决定去一趟威尔士西部的巴拉方德湾。对他而言，那是一块儿充满回忆的地方。他叫上了自己的三个好朋友：戴维、迈尔斯和比尔一同前往。在前往巴拉方德湾的路上，这四个好朋友碰到了各种各样的麻烦事，有人沉默、有人动怒，甚至还有人被逼到了极限。"我认为这部影片很好地探索了友谊中经常被忽视那一部分。"本尼迪克特说，"竞争、支持、爱、愤怒、信任，全部包含在这部影片中。我也非常喜欢这个主题，你的生存权被轻易地剥夺，甚至来不及告诉别人对生活最乐观的憧憬。"

这是部看似简单的电影，简单到看起来像用摄影机记录的一次旅行，而无更多艺术表达的欲望：旅途像根线，串起了打架、笑闹、争吵和埋怨。四个各自背负压力步入而立之年的男人，好像回到野外露营的少年时代，肆意而为。随着目的地的接近，困难增多，矛盾渐现，各自的不如意、不甘心逐渐浮现，虽然筋疲力尽，他们仍然努力陪伴和关心彼此，以共同负担一个人的死亡画上句号。詹姆斯的选择是否正确，朋友们的人生是否由此改变，死与生的哲学，救赎与爱的体验，在这部电影里都没有做刻意探讨，你在其中甚至看不到暗藏的愤怒、深刻的伤痛或者悲悯与不忍，摄影机几乎平静地记录下他们的欢笑泪水，并把途中的美景尽收镜底。热闹的小镇狂欢，恬静的夕光满布，密布的璀璨繁星，升腾在空中爆裂的烟火，还有荒寂如世界尽头的巴拉方德海湾。光亮与暗淡，细微神奇的色彩变幻，这一切都无法言喻，活着的世界美如画卷。人性的深入挖掘与不堪死亡的残酷都尽可能地被回避了。

影片开始，我们听见詹姆斯的声音："今天我 29 岁，我不会活到 30 岁。"本尼迪克特消瘦的脸慢慢从黑暗中浮出，与之对比的是他的背景环境，生机盎然。青草随阳光起舞，植物的香气在空中酝酿，孩子的笑声，朋友的喧闹，到处是生命躁动的迹象。詹姆斯抬头将苍白的笑容向空中绽放时，死亡的气息分外鲜明残酷。

他内心藏着一个秘密，关于他自己的生活。通过詹姆斯的独白，我们大致了解了他的三个朋友：失业后一直在照顾他的前公关基金上司戴维，在电视台工作、与女友关系恶化的比尔，还有想超越父亲的作家迈尔斯。詹姆斯想通过这次旅行来解决他们的问题。对于戴维，詹姆斯的质问是"你究竟想要什么？不是关于生活发了什么样的牌给你，而是你觉得哪手牌玩起来安全？"；对于比尔，詹姆斯的质问是"你变得越来越模糊平淡，为什么不按照内心的意愿做事情？"；对于迈尔斯，詹姆斯的质问是"你为什么总生活在要超越父亲的压力下？"对于时日不多的詹姆斯而言，生命中唯一的事情不是等待死亡的来临，而是你正在走向死亡，在所剩无几的日子里，要亲自去结束一件事，那就是"感受那种巨大的、可怖的、充满勇气的与海水搏斗的感觉"。

本尼迪克特的确是扮演詹姆斯的绝佳人选。他脸上有种浑然天成的年少气质，不经意间流露出的单纯表情，一眼看去已让人心生怜惜。詹姆斯始终处在忧惧的状态。他眷恋生命的美好，又不得不正视残酷的现实。其间的挣扎辗转，即使是欢容，他的眼神也传递着哀伤，那笑中含泪的表情，令人难忘。“我是这么深地爱着你们，留恋此生，可我不得不顺应天命。”这句台词伴随着镜头里他的每个特写。直到他独自沉入大海，双手前伸保持着挥别的姿态，让人心痛如绞。本尼迪克特的独特气质和表演为詹姆斯这场死亡之旅画上了满含诗意的句号。他是个浑身都能演戏的演员，肢体动作自不必说，导演和摄影都很钟意他的眼神表演，给了很多特写镜头：和父亲拥别时眼里的忧愁；和母亲拥别时眼里的不舍；和姐姐拥别时两眼欲哭无泪；坐在汽车里时眼里的期待；露营中比尔教他扇火时眼里的亮光；漫漫长夜里谈论天国和佛教时眼里的些许迷茫……当然，还有无数次病痛来袭时双眼漫溢的隐忍。而他最了不起的一点是，詹姆斯这个角色实在不讨好，像个精神病人一般唠唠叨叨，可是他就有这种本事，最终你会觉得他如同一只眼神湿漉漉的小狗，让你怜爱得抓心挠肝，伤心得如鲠在喉。

像往常一样，本尼迪克特为了全方位了解角色，做了详尽的研究。他专门拜访恶性肿瘤组织的成员。然而，这个影片对他也有共鸣，因为他女朋友奥莉维亚·波莉的父亲罗杰·波利特，四年前不幸被诊断出患肌肉萎缩症。“那是难以忘怀的事，”本尼迪克特说，“我是唯一一个可以听他抒发情感的人。他不想要得到什么，也不担心即将与家人分隔两界。只是希望有人能懂他。与奥莉维亚和她的哥哥詹姆斯相处了那么长时间，他为自己录制了特别版的《荒岛唱片》以做纪念。在葬礼之后我听了这张唱片，再一次听到他的声音，以及他讲的古怪深奥的笑话，我感到百感交集。当

《第三颗星》的剧本交到我手上时，我们刚刚为奥莉维亚的父亲下葬，所以我能对剧情产生深刻的共鸣。”

《第三颗星》的主创人员之一的沃恩·西维尔对本尼迪克特的表演高度赞扬，他曝光了自己整理的《第三颗星》的拍摄日记：

> 本尼迪克特·康伯巴奇绝对有些异于常人之处。这种奇妙的感觉在我们第一次正式会面时就显现出来了。他如果迟到了，就会伴随某种完全发自内心的歉意。他戴着头盔，穿着摩托手的防雨夹克衫。那种现代感十足的设计，带腈纶塑成的肩垫把他的身体衬托得无比骨感挺拔。他的聪明简直是无处不在。他一只脚还没有跨进门就开始问问题，给你的第一印象是无论多深刻的问题眼前这个人都愿意跟你一起探索。在漫长的选角色过程中，我们不止一次跟他讨论四个主角中他可以演哪一个。与我们见过的别的候选演员不同的是，他可以扮演太多类型的角色。这种“变形人”的感觉也为他的天赋镀了层金。一开始我极度希望他去演詹姆斯。我感觉他本身因为成功扮演霍金而出名，别人会认为拿他来演另外一个性格不健全的角色有点“方便”了。但是詹姆斯身上有一种很少有人可以演绎的特性，而本尼迪克特马上就领会了。这就是为什么他是这一代演员中极具天赋的一个。詹姆斯是一个英雄，我们不得不爱上他。我们需要明白为什么他的好兄弟们爱戴他，愿意为他做很极端的事情。但同时他又是一个自命不凡的家伙。我总觉得这就是这个角色如此真实可信的原因。但是真的要有坚定的信念、对艺术的执着追求和谦逊的品格，才能使得一

位年轻的演员在首次领衔主演的时候可以驾驭一切，并且演绎得让人欣赏而不生厌，当然本尼迪克特做到了。有没有能力去表现出如此多元化的角色是另一个难题。他当然是一个优秀的演员。咱们所有的男孩子都是。对我来说他最令人折服的能力，莫过于演技上无可挑剔，同时自然挥洒仿佛只是在随着故事情节的发展而回应着。我有意观察他为了角色而做的体能训练。他节食，在悬岩峭壁上奔跑，在冰冷的海水中游泳，在彩排时挖掘每一句话的含义，即使在非正式拍摄中，也努力揣摩病情给角色的身体和心灵上造成的印记，与此同时又经常在与大家的谈笑间妙语生花，这样的见证令人印象深刻。单看他在最后一幕中的连贯的演出，就知道他有多么卓越。他简直是个珍稀物种。如果角色需要他帅气，他可以；如果说角色有些恶毒，他可以；年纪大的，他可以；年轻一些，他也可以。基于这个原因，我迫不及待地要看他将来能达到怎样的高度。跟他一起工作是一件赏心乐事。他爱笑，善于模仿，跟别的男孩子一样，就算拍摄了一整天，他也不介意扛着摄影工具爬巴拉方德湾的高山。当我们决定选他来演《第三颗星》的时候，他还没有让他成为一个举世瞩目的国际明星。后来，因为扮演夏洛克，他一夜成名。但当我们聊天的时候，我明显感觉到他比起名气来，更加陶醉于演出的经历。

……

这样的他非常真实，他在工作时从头到尾都神经紧张，在结束拍摄的时候立刻活蹦乱跳。他就像个变色龙一样，在正式拍摄之前经常要决定用哪个版本的“自己”去上镜，总是感觉到他不得不自我调整，正式进入他作为“本尼迪克特·康伯巴奇”的另一段人生。虽然他经常毫无根据地自我怀疑，可人们对他才华的激赏让他更快乐。然后，用余生享受饰演别人的故事。

当本尼迪克特的舞台剧《舞台之后》与《第三颗星》在爱丁堡首映时，他不无感慨地说：“我喜爱爱丁堡，这是一个高质量的电影节。我从在曼彻斯特上学时就经常幻想能到爱丁堡电影节，哪怕只是欣赏别人的影片。这次我们的电影在这里首映，我真的感到万分自豪。”

在《神探夏洛克》播出前几个月，也就是2010年的4月，又一部由本尼迪克特出演的BBC作品《梵高：画语人生》与英国观众见面。文森特·威廉·梵高具有传奇色彩的人生已多次被搬上电视银幕。本次《梵高：画语人生》采用戏剧化纪录形式，重现梵高绚烂而短暂的一生。本尼迪克特饰演这位疯狂的天赋异禀且卓尔不群的艺术大师，而梵高的弟弟提奥则由杰米·帕克饰演。剧中的一言一语皆来自梵高写给提奥及其他亲人的信件。

毋庸置疑，梵高的题材早已泛滥，仅英国拍摄的纪录片就至少有3部之多。制作方请本尼迪克特扮演梵高时，他很快就答应了，因为他认为梵高需要被世界更多地了解。另外，纪录片由镜头中的梵高亲自讲述他的“画语人生”，并不作刻意的艺术加工。如此一来，这部将“情景再现”用到极致的纪录片，反而在文本处理上更加逼真，更直接地让观众有种置身其中的代入感，去感受梵高饱受命运折磨的悲剧人生。

提及文森特·梵高，很多人会联想到他的神经质、他伤残的左耳、他的向日葵、他的自画像、还有那些天价油画，却对他曲折颠沛的人生经历知之甚少。这个天赋异禀、卓尔不群的画家，用手中的画笔描绘了绚烂而又短暂的一生。纪录片将梵高的生活和创作融为一体，讲述了梵高的感情挫折、与弟弟提奥生死相依的情感、和朋友高更的微妙关系……试图从多个生活侧面解读梵高的作品为何饱含悲剧意识，以及他的个性、画风，为何远远走在时代的前面。总之，在剧中我们随着本尼迪克特的话语看到梵高的成长，充满了愤怒、无奈、不解和鄙夷。无数俗不可耐的人从各个角度攻击着梵高，把一块原本看不出棱角的璞玉，描绘成张牙舞爪的疯子——正如剧中最后说的：野蛮的表达——他的画作从最开始当学徒时的临摹、工笔细作，变成越来越灵巧的挥洒；从炭笔那鸽翎般灰蒙蒙的涂鸦，变成明晃晃带着热量的多彩，最后瞬间凝华成冰块一样坚冷的蓝色。

本片播出后，观众们盛赞本尼迪克特的表现，称他的演技总是能让人感觉到角色的真实，感觉到大师的情绪和想法。每当他对着镜头写给弟弟的信时，就像是在对着屏幕前的观众诉说。他让观众感觉到画家那颗脆弱的心，像孩子一般地恐惧着，却无可奈何。尤其是看着他待在精神病院的房间里，抱着膝盖坐在软垫上流眼泪，那个瞬间关于无人了解的苦痛也直接作用在观众的心上了。不过，在一些观众感谢本尼迪克特·康伯巴奇用直白的方式，近距离地表现出梵高一生的苦痛和挣扎时，《画语人生》也遭遇不少争议。很多资深纪录片制作人认为，情景再现应该慎用，尤其是用知名演员扮演历史知名人物，很容易让纪录片成为一部故事片。还有人说："任何情景再现都应该是一种模拟，视角应该放得尽量低，让观众产生偷窥历史的感觉。而不是像现在这样，让一个拥有亿万粉丝的演员对着镜头和观众'说历史'。"针对这样的评论，本尼迪克特在接受采访时说："对文森特·梵高的饰演完全得益于丰富的素材，当我知道每一句话都出自梵高之口时，饰演他让我产生崇高感。一个如此才华横溢的艺术大师却受到众人的严厉批评，以致经常陷入思想压抑甚至精神狂乱中。放到今天，简单的心理治疗或者精神药物都可以治愈他的精神疾病，这样的事实让人十分难受。梵高去世的时候默默无闻，他明白自己无奈的处境，这在他人生最后阶段给弟弟的信中可见一斑：‘为什么人生在世，总是默默无闻，唯有化为尘土，才能迎来伟大的成就。’当你有如此强大的素材做支撑的时候，你只需要做到感情充沛，就能发自肺腑地讲出那些台词。”

第六章

# 粉红色的研究

所有的一切都要从三年前一辆开往威尔士的火车上说起。作家史蒂文·莫法特和马克·加蒂斯在前往位于卡迪夫的制作大本营途中，他们总是谈起手头上拍摄的《神秘博士》，不过二人也都是夏洛克·福尔摩斯的忠实粉丝，他们想知道怎么才能在电视上复活这位著名的侦探，而又不受巴兹尔·雷斯伯恩的影响，要知道当时巴兹尔·雷斯伯恩简直可以说是福尔摩斯的代言人。

他们经过全方位思考，最后决定把柯南·道尔的作品搬到 21 世纪，并决定尽可能做一些改变。他俩非常喜欢这个主意，为现代的伦敦制造一个城市英雄。观众们可以看到尼古丁注射器代替了古典的烟斗，全球定位系统替代了指南针，并且手写的记事本被网络上的博客取代。他们认为把所有经典的故事改编是可以做到的。

当他们的构思趋于成熟，英国广播公司很快给出了实施方案。编剧计划好开始写第一集的初稿。预算也是充足的，并且放在黄金时间且在全球播放。但是这个团队深刻地知道能否成功有一个极为关键的因素，所有的一切都依托在能否找到一个完美的夏洛克·福尔摩斯。

如此重要的角色，可以想象花了多长时间进行演员挑选。团队看过了成百上千的演员并为他们试戏，有时候甚至集中两个或者一组演员一起试戏。“不过当我们见到本尼迪克特的时候，结束了搜索。他是唯一一个配得上演夏洛克的人。”加蒂斯说。

大家知道本尼迪克特是多么出色的演员也知道他能做什么，他们准备把这个重注押在他身上。当莫法特见到本尼迪克特的时候，他确信他找到了夏洛克的魂。“他是那种略带傲慢并且有点拜伦式风格的长相。”从那一刻起，莫法特和加蒂斯就确信本尼迪克特是可以胜任的。有趣的是，早年当大卫·阿特伍德选用本尼迪克特出演《直到世界尽头》的时候或多或少也有这方面的考虑。本尼迪克特有一种诀窍，他扮演的那种本该让人厌恶的角色往往又使大家深深喜爱。莫法特接受采访时说：“本尼迪克特来试镜之后，我们觉得其实没有必要再比较其他演员了，不会再有谁能像他这样适合扮演夏洛克·福尔摩斯了。柯南·道尔创作福尔摩斯的原型是贝尔教授——柯南·道尔的医学教授。贝尔有超乎常人的推理能力与判断力，仅仅通过观察病人走进病房的姿势，不用病人开口就能准确下诊断书。在柯南·道尔的原著里他不仅仅是侦探，还是位科学家，我们都知道夏洛克·福尔摩斯还有一些情绪上的元素。

“我知道他身上的哪些特质是可以带到21世纪来的，可能看起来有些戏剧化、与众不同、老式甚至古怪。在后弗洛伊德时代，很容易给他贴上‘阿斯伯格综合征’或者‘反社会’的标签。他是一个智商非常高的人，但他更多地依靠努力而不是天分。”本尼迪克特说之所以有幸出演夏洛特，是因为“我长得有点奇怪，可能这让我显得有点超脱世俗吧。在某些方面我很老派，但有时我又很现代。我记得我的导师说我有颗古老的灵魂，他说我让他想起了威廉·布莱克的作品，于是，我冲到图书馆去读威廉·布莱克的诗集，然而这些诗句并没有使我产生什么特殊的幻想，那些天使或者大树都没有瞬间出现在我脑海中，但是诗的语言里有种深沉的优美，略带悲伤，我想他们正是在福尔摩斯身上看到跟我同样的气质。”

然而，选择一个完美的华生也不是一件容易的事情，至少当两个主角开始合作时，要产生一定的磁场来互相吸引。制作团队开始考虑了一系列有才华的演员。最终他们选择了马丁·弗瑞曼，他用自己的方式诠释了华生。马丁，年长本尼迪克特五岁，将会扮演一个刚从阿富汗战场退役的现代士兵。

马丁·弗瑞曼在经历一系列小角色和短片拍摄之后，直到2009年被选中饰演约翰·华生。在《神探夏洛克》里的出色表演让他担任主角出演了彼得·杰克逊执导的奇幻史诗电影《霍比特人》。自从《神探夏洛克》的拍摄之后，马丁和本尼迪克特也成为了十分要好的朋友，虽然二人的性格截然相反。

麦考夫·福尔摩斯也是剧中一位重要的角色，由马克·加蒂斯饰演，他同时是《神探夏洛克》的编剧之一。这位夏洛克的亲哥哥，英国政府的高级官员，表面上跟夏洛克关系比较冷淡，但事实上一直暗助这个聪明却叛逆的弟弟。他一开始想通过收买华生来监视夏洛克但被拒绝，便在夏洛克和华生身边秘密安插保护人员。但在夏洛克做出一些出格的事之后，麦考夫还是有一种“恨铁不成钢”的心情。

哈德森太太的扮演者是尤娜·斯塔布斯，她最著名的角色是BBC情景喜剧《生死相许》中的瑞塔，以及儿童剧《稻草人侦探华泽尔·古米治》中的莎莉。这位好心的房东太太有着絮絮叨叨的毛病，有时也照顾夏洛克和华生的生活。和华生一样，虽然对夏洛克抱怨不止，其实与他的感情非常深厚。夏洛克曾经因为有个犯人伤害了哈德森太太而愤怒地把那犯人扔出了窗外，她则在夏洛克的墓碑前像个气愤又忧伤的母亲数落孩子一样流着眼泪数落他以前住在公寓的种种“罪行”，她把他当作自己的孩子一样看待。

另外一个重要角色是雷斯垂德警长。他是伦敦警局的警官，经常请夏洛克帮忙，算是夏洛克在警察中比较认同和信任的一个。每当需要警方的力量时，夏洛克总是第一个想到雷斯垂德。该角色由鲁伯特·格雷夫斯扮演。他是一个自学成才的演员。

剧中的大反派吉姆·莫里亚蒂由安德鲁·斯科特扮演。斯科特仿佛是一个强大的能量球，随时可以爆发，那双深褐色的眼睛，在荧幕上黑暗又邪恶，而现实中的他则是温暖又热情。

随着其他几名主演的确定，剧本终稿和拍摄时间列入最后计划，看起来一切工作准备就绪。当第一集正式拍摄的时候，每个人都满怀憧憬希望这部影片能大获成功。但是，拍摄结果令他们非常失望。当英国广播公司的高管们看到第一集时，他们面无表情地坐在放映厅内，甚至每一个参与这部电视剧的工作人员都不喜欢它。看起来《神探夏洛克》当场就要被宣告枪毙。但是加蒂斯和莫法特以及几位主创人员决定要改变主管们的想法。他们尝试用各种方法去游说，但是僵局不可避免，大家通过更多的会议去探讨解决方法，在伦敦，编剧、制片人等都发表了各自的观点。在威尔士，所有演职人员用双手祷告能有好的结果。很多人表示他们对这部影片依旧有极高的热情。当听到谣言说一切都没有可能进行下去的时候，这个团队不知所措地陷入了混乱。本尼迪克特感到十分受打击，这原本是他的重大突破，能在国家电视台播放的电视剧中担任主演，然而现在看起来没有人会看到这部作品了，他可能再也没有机会如此近距离地接触到成功。

然而，幸运降临在这些不放弃的人身上，高管们考虑再三，认为这部影片还是值得期待的。于是，英国广播公司作出让步，这也意味着他们把这个项目从枪毙的边缘拉了回来。公司决定一次性拍摄三集完整的 90 分钟电视剧。一年之后，当新一季剧集发布的时候，媒体专家马克·劳森在《卫报》撰文分析它是媒体研究课程的精典案例，试播集和第一集的名字都采用"粉红色的研究"，有相同的故事线（伦敦发生的一系列离奇自杀案件）并且基本采用相同的演员。第二版实际上进行了扩充和改编，在画面、基调、声音上完全重新设计。"当我在特雷斯组织的新闻发布会上观看正式版本时惊喜地发现有一些很特别的改变——一些无章法的文字出现在夏洛克旁边——在试播集中并没有，还有涉及莫里亚蒂和麦考夫之间纠葛的重要的伏笔。总之，改编之后的剧情具有了悬疑小说的典型特点：在讲清楚故事的前提下让一部分剧情显得更加神秘。在评论中我们看到，除了关于自杀之外，短信和邮件的内容显示在屏幕上给了本尼迪克特饰演的福尔摩斯一种隐士的感觉。在看了两个版本之后，观众对剧本的讨论如同英国的雨滴越下越紧密。这个成熟、自信并且机智的福尔摩斯让亿万观众兴奋异常。

之后的第二、第三集都在《神秘博士》的摄影棚拍摄。这令本尼迪克特非常高兴，因为他早就想过自己有机会接替大卫·田纳特成为第十一任的博士，不过最终马特·史密斯赢得了这个角色。据知情人士透露，本尼迪克特曾经跟大卫谈及此事，他显得非常大度。当时还有传闻说第十二任的博士将会邀请本尼迪克特出演。

本尼迪克特也知道在同一时期他的新福尔摩斯角色有很多竞争对手，例如卢夫·斯塞维尔出演的侦探悬疑迷你剧《Zen》以及肯尼斯·布拉纳夫出演的斯堪纳维亚侦探维兰德。"卢夫是我的同学，在意大利的春天拍摄，肯尼斯·布拉纳夫在夏天的瑞典拍摄，而我在加迪夫的一月和二月拍摄。"

后来，这句话成了本尼迪克特在朋友之间开的标准冷玩笑。在片场，有人调侃说本尼迪克特的笑话太冷了，所以必须抱着暖水壶去温暖他的下巴，才能让他持续说出快速的台词。

同样，每个人都相信本尼迪克特的确带给了这个角色一些耳目一新的东西，扮演夏洛克不像一般人看起来的那样风光。福尔摩斯就像是走在钢丝上的人，稍不注意就会引起观众的反感。所以，本尼迪克特必须非常用心地去保证观众一直支持他，当然这和剧本也是密不可分的。用本尼迪克特自己的话说："扮演福尔摩斯有个特殊的好处，因为你大脑的运算速度很快，你必须让自己将词汇与思考方式更迅速地结合起来。"所以，他总是领先于观众以及周围思维正常的人们一步。他们很难理解，事实上那些思维跳跃是他自己和自己在进行讨论。

那些大篇幅快速分析案情的戏份台词是需要演员以最好的状态用最快的速度说出来，有时候就像是口语化的科学方程式。本尼迪克特可以自如地做到这些还要归功于早年拍摄《霍金的故事》时的积累。"你不能仅仅在拍摄的前一个晚上去看一眼剧本，然后凭借记忆去临场发挥。"本尼迪克特必须要像往常一样做好充分的准备工作，他必须让自己完全进入角色。他因为饰演福尔摩斯，学到了很多新的技能："我学会了一点点小提琴，如何握琴弓，这一开始是个不怎么开心的活儿。还有就是他的案子，你会不由自主地环视你的周围，去想这些人可能都在骗你，而他们的理由为何漏洞百出……夏洛克·福尔摩斯让你开始不以一个演员的视角看世界，你会开始担心工作太多太沉重会让你没有时间去观察，但我也必须承认，现在也没有更多的细节可以观察了，我总不能通宵坐在巴士上，去看所有发生的一切。"

然而，如此超负荷的工作强度让他的身体再一次付出了代价。他在拍摄过程中患上了流感，却仍然继续工作，并坚持游泳、上瑜伽课程，他说这些可以让自己保持锐度。不过当他的体温飙升到 39.4℃时，医生非常肯定本尼迪克特得了肺炎。导演告诉他必须要立即住院，但是本尼迪克特仍然坚持留在片场。他知道如果暂停拍摄将会消耗很大的费用。因此，他仅仅在没有戏份的空档休息了几天来恢复体力。他甚至觉得自己有一些苍白和消瘦未尝不是一件好事，因为他扮演的现代版福尔摩斯的身体并不是总是处于最佳的状态。

在本尼迪克特难得休息的时间里，他满脑子还在考虑对于夏洛克·福尔摩斯的刻画如何得到福尔摩斯迷的认可，柯南·道尔的粉丝都是忠诚并且苛刻的。不出意外，他收到了大量的邮件，也有大量的网上评论告诉他大家是怎么评价这一角色的。"我们决定要做一些新的尝试，他们让我知道我们做的得还不错。"尽管之前的无论是舞台剧还是有关福尔摩斯的电影电视剧都制作得很成功，但是这次本尼迪克特和马丁之间的互动，夏洛克和华生之间牢固的友谊，将为大家带来一部浪漫、现代、幽默以及完全真实可信的《神探夏洛克》。

但是观众是否能接受呢？结果会给大家一个惊喜还是职业生涯的失败？本尼迪克特和其余演员都静静等待事态的发展。第一集直到 2010 年 7 月 25 号才开播。在开播之后，本尼迪克特为之震惊，成功似乎近在咫尺。他要亲眼见证由自己引发的一场媒体风暴。

影片第一集《粉红的研究》展现给观众的信息量足够大，几个重要的角色相继登场。伦敦警视厅正为一系列自杀案件忙得不可开交，所有死者皆因服用了致命的有毒胶囊而相继死去。于是，走投无路的雷斯垂德警官不得不向夏洛克·福尔摩斯——这位非官方的侦探顾问寻求帮助。夏洛克从案件的蛛丝马迹推断出，这一连串事件并非单纯的自杀，而是有一名连环杀人犯在幕后主使。与此同时，正在寻找公寓的约翰·华生和夏洛克经介绍相识，两人一拍即合，当即搬入贝克街 221B 的公寓。在推理与追击下，杀人凶手终于露出了真实面目——一名伦敦的士司机。夏洛克单枪匹马与凶手进入空无一人的大学，在那里，凶手透露了他的作案手法，那便是用手枪指着被害人，强迫他们参与一场俄罗斯轮盘般的性命豪赌：两颗胶囊，一颗无害，一颗致命。当被害人做出了选择，凶手便拿起另外一枚胶囊，与之同时吞服。然而，连赢五局的凶手，果真是被命运眷顾吗？危险一触即发。紧要关头，尾随而至的华生举起手枪，射杀了出租车司机。在夏洛克的逼问下，快要气绝的凶手终于说出整个事件真正的幕后操控者——莫里亚蒂。除此之外，全剧还有许多精心布置的细节，例如在全城禁烟的伦敦，大烟枪夏洛克没了经典的烟斗，只能靠尼古丁贴片保持思维兴奋。诸如此类的设计，无不在夏洛克与华生宏大的冒险中，向原著致敬。

看过原著的朋友应该都能看出这是改编版的《血字的研究》。从华生与福尔摩斯相遇到他们携手解决第一个案子，一连串的情节均与原著有着奇妙的共振，即使舞台与故事有一定的改变，但人物与情节铺展的逻辑可以说相当忠实于原著，这种微妙的似曾相识感加上改编带来的恰到好处的新鲜，便足以让无数福尔摩斯的发烧友拍手叫好。

其实这个故事已经不能叫作“血字”的研究。而我们能认出它是因为从原著中保留的两个最关键的元素：死者留下的“RACHE”和两粒外表完全相同的胶囊。但是，这两个关键元素拥有了全新的解读。首先，“RACHE”在原著中有两个解释：德语“复仇”和“RACHEL”——这个女子名字。原著中走的是“复仇”的线索，电视剧巧妙地将这个女子名字解作死者留下的移动邮箱的密码。这简直可以说比原著更为巧妙。这个谜题的破解是本集最为关键的一环，剧情自然流畅，一气呵成，编剧在对故事线索的处理上严格按演绎法。第二点，两粒药从“半透明的灰色圆形小药丸”变成了“带诡异斑点的胶囊”，到处拿这药和别人赌命的动脉瘤马车夫也不再是背负陈年旧恨的复仇天使，而成了想为孩子留点遗财的连环杀人狂，幕后指使还设定成了莫里亚蒂。相同的元素，全新的内涵，丝毫不让熟谙原著的人产生反感，同时也让没看过原著的人能充分领略到福尔摩斯世界的精彩刺激。因为它几乎没有偏差地沿用了原著的世界观。

英国广播公司宣传部门对《神探夏洛克》采取全部放行的态度以确保它能成为轰动一时的作品。这也就意味着让本尼迪克特尽可能多地出现在记者面前。这是本尼迪克特感觉很不擅长也不适应的事。对于一个喜欢自嘲的人，让他面对各种提问并不是一件很容易的事。这些采访更让他感觉尴尬。一位来自《卫报》的记者曾经回忆本尼迪克特当时不安和拘束的状态。“他就扭曲地坐在椅子上，并且用屁股坐着双手，用奇怪的声音即兴模仿，眼睛不停地从一边转到另一边。”另外一篇文章指出本尼迪克特需要两杯咖啡、五根香烟以及很多水和果汁，才能面对压力。更糟糕的是，几个访谈节目的制片人曾开玩笑说，他们需要一个尼康照相机来捕捉这个不老实的嘉宾。在所有公开场合，这个谦虚、自嘲的本尼迪克特从来不爱夸耀自己。尽管他可以成为舞台的中心、也可以在一个节目中成为主导人物，但是当他谈论起自己的时候，总是不敢夸夸其谈。

另一位评论员莫法特指出他是一个完全不做作的人。“直到现在，康伯巴奇依然认为自己不是一个大牌明星。他在大电影中参演小角色，在小电影中饰演大角色。”现在，他在世界上最伟大的影片中扮演最伟大的角色。莫法特曾经预言本尼迪克特“将为成为宇宙中最火的年轻演员之一”。如今，莫法特的预言成为了现实。《神探夏洛克》这部电视剧获得了空前的成功，也造成了巨大的轰动。

本尼迪克特在之后接受采访时回忆当时一夜成名的情景：“有一天，突然两个了不起的编剧给我打电话，他们都是福尔摩斯原著的超级粉丝，都认为决不能破坏了柯南·道尔的遗产，同时他们有着妙趣横生的想象力。我当初听到两个编剧要把它改编成现代剧的时候，跟一般人的反应一样，也觉得有点莫名奇妙，然而得知了其他参演者和一些其他的细节之后，我想至少这个剧本还不错。我是从《绅士联盟》知道马克的，对斯蒂芬也早就有所了解，在他的《冤家成双对》中，我妈妈还演过剧中萨拉·亚历山大的母亲。当我仔细通读了剧本之后就彻底爱上了它，爱上了他们的改编。我当时就知道会火，因为剧本和角色本身的魅力。在这个戏之前，我还在尽量保持一直努力工作的状态，在演艺界留有一席之地，但还没有一个突破性的角色。直到真正播出的那个晚上，我们跟马克一起看着他电脑里的推特，他说上‘热搜’了，我当时还在想‘热搜’到底是什么意思。我当时并不懂那是大家热情的体现，是观众在网上参与分享，相当于通过社交媒体，得到无数观众的支持。一下子我觉得既可怕又美妙，因为通常都是剧集播出后，第二天拿起报纸看看媒体对剧集的反应，而现在你是立刻得到大量粉丝的及时反馈，大家都说这个剧好看极了。那感觉真是美妙。不过也搞得我在当晚离开马特家，坐上地铁回家时，都已经开始期待蜂拥而来的记者了，就这样我突然觉得自己一下子成名了——我拍了一个剧，然后在电视上播出，然后一下子就火了。”他创造了史上最快成名的纪录——二十分钟。直到 2010 年 7 月 25 日晚上 9 点本尼迪克特只是《霍金》里的霍金,《梵高》里的梵高，尽管评论不错，但是实在没有太大的公众知名度。《神探夏洛克》第一季晚上 9 点正式开播，到了 9 点 20 分的时候，他的名字在推特上如燎原之火烧遍全球。

即使观点保守的影评人也对这部影片的各个细节赞赏有加，并且在报纸和电视上给予它四星和五星的好评。在如今这个网络年代，网友显得格外重要，聊天室、留言板以及粉丝群对这部影片产生了爆炸式的兴趣。脸书和推特充斥着大量肯定的评论。在媒体的圈子里似乎每个人说话都是不负责任的，然而大家一致称赞本尼迪克特是冷静有头脑的。他的语言能力被观众赞赏，甚至有些女粉丝自称“康伯巴奇的女人”。

在第一集获得空前成功的基础上，接下来的两集继续引来关注。第二集《盲目的银行家》是根据原著《跳舞的小人》改编，原著讲述的是一个叫希尔顿·丘比特的先生拿着一张稀奇古怪的纸条找到福尔摩斯，上面画着一行跳舞的小人，他感到非常困扰，因为他的妻子看到这些小人就会非常惊恐，而且这些奇怪的小人文字会经常出现在他家的窗台和房门上，他想求福尔摩斯帮忙解开这个谜团。而《神探夏洛克》第二集的剧情是：某日，夏洛克收到在银行任职的大学同学的一封 E-mail，遂协同华生前往银行。得知在头天午夜有人闯入为纪念前银行主席而保留的办公室，在一分钟之内用黄色涂料涂下一个符号，符号的一部分正好横在墙上银行主席画像的眼睛上，故为“盲目的银行家”。夏洛克推理出那符号是给一个银行职员看的，立即前往那人的家中却发现他已经死在反锁的高楼室内。事件继续发展，又一名新闻记者同样死在自己反锁的家中。夏洛克沿线索找下去，再次发现黄色颜料的不明符号。原来两名死者都在一个组织内进行走私古董的工作，那些符号则是走私时使用的一种名为苏州码子的密码。夏洛克和华生前往博物馆，又发现一尊雕像上的苏州码子。两人在颜料专家的帮助下找到整面墙的苏州码子，又找到了躲在博物馆的姚素琳。姚素琳道出黑莲帮的走私活动和苏州码子其实代表的是一本书上某页的某个单词。华生约女同事看中国马戏，夏洛克不请自来，两人在黑莲帮的马戏团里大闹一场，警察来时黑莲帮头目已经逃逸。夏洛克在门外的街道解出密码，是“寻找一支价值 900 万英镑的玉簪”的信息，原来是那银行职员走私时将玉簪偷走送给了情人。逃走的黑帮老大与莫里亚蒂在电脑上通话，惨遭狙杀。本集中夏洛克穿梭在摩登高楼之间，被现代的伦敦所围绕。剧中夏洛克和华生更加熟络，本尼迪克特与马丁的合作更见化学反应。

如果前两集是对整个剧情的铺垫，那么到了第三集，情节达到了高潮，让观众过足了瘾头。在本集《致命的游戏》中，夏洛克与莫里亚蒂开始正面交锋，并且一上来就是五回合。本集从一场爆炸案开始，夏洛克从雷斯垂德那里收到了一个粉红色的手机，随即手机传来了一张图片，夏洛克来到图片所示的地点，又发现了一双鞋，同时一个可怜的女人打来了电话说如果在 12 小时里没有解决这个难题那么她就会被炸死。在成功解决了案子之后，又一个无辜的人被安上了炸弹，而这一次只有 8 小时来破解神秘谜题。与此同时，麦考夫也委托了夏洛克帮忙寻找导弹计划的案件。终于，在成功地解决了著名主持人死亡案件和名画伪造案件后，再没有新的炸弹人出现了。夏洛克决定帮助华生来解决布鲁斯帕庭顿事件。他向华生隐瞒了自己想要私会凶手的决定。当夏洛克来到约定的地方时，出现在面前的居然是说要去萨拉家的华生！原来华生也成了炸弹人质，而真正的凶手就是莫里亚蒂。

当三集系列剧播放结束时，很显然，本尼迪克特的生活发生了天翻地覆的改变。当他又出现在汉普斯特公园时不会再有人认不出他，当他推着他的自行车或者骑着他的本田 CBF600 摩托车停在红灯前，会立即造成轰动。那些他在咖啡厅享受闲暇自在的时光以及静静地在水磨石书店看书的日子从此一去不复返。

与此同时，本尼迪克特坦然接受成名带给他的变化。他不像有些人在成名之后对这种变化产生反感。相反，本尼迪克特继续拥抱崭新的每一天。《星期天报》记者曾经回忆起那个夏天遇到本尼迪克特时的情景："他似乎激动得有些怪异，他向每一个遇见的人问好，当我开车经过汉普斯特公园时看到服务员、经过的学生以及拿着古老巨大烟斗的老汉都在请求他一同合影。"

《现代快报》拿出整版来揭秘和分析这部现象级作品。"如果你熟悉柯南·道尔笔下的那位福尔摩斯，刚开始时你会对 BBC 打造的这位神探夏洛克感到有些陌生。夏洛克生活在繁华的 21 世纪大都市，他爱用手机，拥有个人网站，他是个面色冷漠、具有强烈英伦范儿的青年，一丝不苟的大衣与衬衫搭配优雅的围巾，仿佛都在他身上挂上了老派的标签。夏洛克目光敏锐、热爱观察、喜欢做实验，他身手不凡、擅长推理，随时可以根据一个人身上的蛛丝马迹判断此人的身份及过往的经历，每次推断都行云流水、一气呵成，令人叹为观止。原本他该是个人见人爱的良好公民，但事实截然相反，因为他的毛病也非常明显，比如为人太过尖酸刻薄，比如掩饰不了的暴力倾向——如果没有案子给他破，他会无聊得拿起枪来射击墙壁。"

《数字时报》则评论本尼迪克特·康伯巴奇和马丁·弗瑞曼是完美的搭档，生活在现代都市的福尔摩斯和华生，就像是用惊险刺激、幽默风趣、头脑风暴和复杂演绎调制而成的鸡尾酒。全世界因为他们的演绎，又掀起了福尔摩斯热潮：剧情在下议院被讨论，全球都在推特上交换相关信息，甚至连翌年秋季的男装潮流都受到了影响。

英国《每日电讯报》资深影评人汤姆·隆这样描述本尼迪克特的“出名”：“康伯巴奇的走红并不意外。他父母都从事表演，他本人也是戏剧科班出身。在《神探夏洛克》成名之前，他有过十年电视剧、电影、舞台剧等领域的磨炼。在影视行业，有的是‘戏保人’，有的是‘人保戏’，还有的就是‘不论你怎么努力，都不会被人记住’。康伯巴奇在《神探夏洛克》中的表演可以说是标准的‘戏保人’。他的表演风格略显夸张，而福尔摩斯这个角色正需要这样的夸张，甚至还要有些神经质。角色正好与他的表演风格相得益彰。不是所有演员都能和这个神经质福尔摩斯在气场上如此契合。和康伯巴奇接触过的人都知道，他做人很谦卑，也很单纯，并不会为了博出名做一些出格的事情。他最大的优势是个性化，而这也体现在很多方面，比如康伯巴奇曾经自嘲长得像水獭。在表演方面，他语速很快，习惯了神经质和高调乖张的个性，以至在他之后的很多作品中都能看到福尔摩斯的身影，包括他在《霍比特人 2》中用声音演绎的巨龙史矛革。”

一段时间之后，本尼迪克特发现他的名望逐渐消散。在家里，他观察《神探夏洛克》与其他两部侦探剧的排名。到最后他们获得了 900 万的观看点击量，当时，很多英国人正在度假，所以这个成绩已经很好了。电视台内部人说 500 万的点击量对于《神探夏洛克》已经算是非常成功了，现在赢得将近两倍的数量，这一成绩简直令人震惊。毋庸置疑，全球其他的国家也开始要分享这部影片。最后，这部影片卖到了全球 180 个国家的电视台，为英国广播公司赢得了很大一笔收入，第二季的剧本也在顺理成章地创作中。

在所有演员被召集回威尔士之前，本尼迪克特已开始了另外一部吸引人眼球的作品。他在伦敦逗留了一阵子后便向泰晤士河南岸进发，在国家大剧院又获得了一个舞台剧的主角。

第七章

# 弗兰肯斯坦的灵与肉

SOUL OF SHERLOCK

BENEDICT CUMBERBATCH

丹尼·博伊尔，这个凭借《贫民窟里的百万富翁》荣获奥斯卡金像奖的导演宣布，他要在国家大剧院指导一部全新版本的《弗兰肯斯坦的灵与肉》，他承诺这部作品将以一个冷酷、刚毅的面目呈现。这部舞台剧根据玛丽·雪莱著名的科幻小说改编，从1930年起这部小说启发了很多电影的创作，新的舞台剧的改编也需要一些转变。博伊尔不想每个晚上都让一个演员去演科学家弗兰肯斯坦而另一个去演怪物。他希望两个演员可以同时饰演两个角色。最终这两个演员确定为本尼迪克特和约翰尼·李·米勒。

博伊尔之前曾与米勒合作过著名的电影《猜火车》，之后就很少有联系了。实际上，在拍摄完博伊尔的影片后，米勒的名望总是漂浮不定，有很多跌跌宕宕的波峰和低谷。低谷时包括他出演的电视剧没有开播几集就出乎意料地停播了。波峰时包括在百老汇和西耶那·米勒联合主演舞台剧《追求朱莉小姐》，然后又接拍了彼得·特拉维斯的《游戏终点》，以及从2012年起在美国热播电视剧《基本演绎法》中他饰演的另一个夏洛克·福尔摩斯。他在拍摄《弗兰肯斯坦的灵与肉》之前的半年时间都无所事事。回想到《猜火车》，后来发生的一切他都不后悔，包括与几乎每个男人的梦中情人安吉丽娜·朱莉离婚。

对此，博伊尔解释道："我一直想用两个演员来演这部剧，这会是一种多么与众不同的方式来诠释这个故事，是多么好的方式去表现一个事实，他们其实是一类人。我一直在想如何能找到两个合适的演员去演这部剧。

我认识约翰尼，我曾经与他合作过，但是我没有与本尼迪克特合作过。我觉得这是一件有趣的事，我认识他但是我不了解他，自始至终我们都在尝试都在探索。”

博伊尔不知道本尼迪克特是怎样一个舞台演员。“我知道他是一个很好的荧幕演员，但是舞台非常耗费精力与体力，这里不仅仅需要电影中的个人特色，还需要用身体的表现力持续讲述一个故事。”当我知道他想要参演《弗兰肯斯坦的灵与肉》时，我只想知道，他的身体真的能承受这种高强度吗？当我与他会面时我问了他一些问题，让他感到有点困惑。你必须为了这个舞台健康得像个拳击手一样，你必须要坚持健身保持身型，这样才能应对这部舞台剧。他做得非常好，就像当初拍摄《霍金的故事》时，那个他又回到了这里。”

博伊尔在与本尼迪克特的接触中也学到很多东西。“他总能给人很深刻的印象。看起来他已经适应在一部舞台剧里同时扮演两个角色，这并没有使他困扰。当你在舞台上展现其中的任何一个角色时都要把它视为一种挑战，”博伊尔详细说明，“你必须让自己处于一个观察者的位置，通过身份的转换去审视你扮演的角色。本尼迪克特很容易就掌握了这个要领。他很自然地踏上了正轨。”

拍摄新版的《弗兰肯斯坦的灵与肉》的主意出自博伊尔和剧作家尼克·迪尔的讨论，早在1990年博伊尔和迪尔为皇家莎士比亚剧团出品《胡安的最后几天》时，他们就有了这个想法。起初他们的手稿很接近小说，不过之后，“我们有了新的主意，让人们倾听怪兽内心的想法。从而将电影彻底改编，我们以怪物的角度出发写了一个新的版本。”不像大多数电影的处理方法，舞台剧的结尾还是尊重了雪莱的原著——弗兰肯斯坦和怪物一同在荒野死去。博伊尔说这一点很重要。

不过，雪莱笔下的主人公再一次流行起来，虽然它不像《德古拉》那样被众人所熟知，但依旧是受读者喜爱的哥特式恐怖、科幻的文学作品，并跻身于英国最著名的浪漫文学之一。弗兰肯斯坦进入 20 世纪之后，与可口可乐、詹姆斯·邦德、李维斯牛仔裤、米老鼠、甲壳虫一样成为了流行标志。弗兰肯斯坦和他的怪物有了数以千计的表现形式，多数是电影，但是也有不同作家改写的恐怖科幻小说以及电视剧和歌曲，甚至出现在了儿童读物和卡通动漫里。那么，人们为什么要冒着风险把这部改编过数百次的故事再次搬到伦敦舞台呢？回答是，没有任何一个版本可以像博伊尔和迪尔那样，让伦敦剧院的观众展开如此自由的讨论。当然，很多工作人员和博伊尔、本尼迪克特、米勒一起研究如何克服他们的第一个困难——让更多的观众忘记原著从而体现舞台剧的相对独立性。

“其中一点考虑就是让他们分开排练，除非两人同时在一个场景出现。”博伊尔说。但是本尼迪克特和米勒很早就彼此熟识，他们觉得这样并不是一个有效的方法。“我们并不矫揉造作。”米勒解释道，“我们发现给彼此提出建设性的意见比较有效，我们会讨论怎样做比较好，怎样做不好，默契更像一个团队。”

“练习台词，”本尼迪克特继续说，“在我们之间是体现无私并且默契合作的一种方式，如果有一些台词他处理得非常棒，我就会问自己是否能够做得更好。”很多时候，听起来就像彼此偷学对方。然而本尼迪克特反复强调：“偷学并不丢人，如果一个演员说从没模仿过别人，那绝对是撒谎。”并不是所有的主意都很有效，在一次彩排中——本来设计了一个装满黏液的池子，就像是羊水，紧接着怪物从里面冲出来。实际的效果并不理想，于是他们放弃了这个点子，因为那样会让舞台过于湿滑，不利于演员的表演。

本剧最大的看点莫过于两位演员的角色交换了。维克多和怪物由谁饰演并没有被固定下来，而是由本尼迪克特和约翰尼·李·米勒两人分别在不同的场次饰演，这也是对两个人演技的大考验。本尼迪克特在接受 Metro 杂志采访时就在用生姜驱寒，因为饰演怪物必须身体赤裸着进行表演，所以他在试演时患了感冒。而除此之外，他还因为卖力地表演把自己的嘴唇弄破，脱臼，手腕淤青，并且掉了 5 磅体重。

关于两名演员交替饰演两个角色的想法来自丹尼·鲍尔。他在 20 年前就曾经想要改编这部经典作品了。在获得奥斯卡奖之后，他终于可以实现早年的梦想了。丹尼·鲍尔兴奋地说："如何反过来影响原著对整个叙事起着关键的作用。"很显然，他对于工作的热情并没有因为好几周高强度的彩排而黯淡。"他生来是善良的，却学会了罪恶。他们是镜子中互为扭曲的对方。"不过比起哥特风格的故事，丹尼·鲍尔和本尼迪克特更热衷于深度挖掘和充分强调社会性以及个人成长环境对角色造成的影响。"弗兰肯斯坦认为自己是一个英雄，但是，到最后，整件事却成为了一个自杀契约。"

《弗兰肯斯坦的灵与肉》对于丹尼·鲍尔来说有着非常私人的情怀："玛丽·雪莱在写小说之前就曾多次怀孕，并且已经失去了一个孩子。所以之后她撰写了一本关于一个利己主义者宁愿动手创造生命，而不采取自然孕育的方式，从而将女性排除在外的小说。"这就是为什么他想用舞台剧的方式来表现这个故事，而不是拍成一部电影，因为电影已经被拍得够多了，整个故事在电影镜头下早已被严重扭曲，他们希望可以让怪物找回他自己的声音。故事实际上还在围绕"责任"这一命题而展开，本尼迪克特指出："在这个试验中真正的错误在于：弗兰肯斯坦并不在乎他所创造的生命。我觉得你可以说这归根结底是一部影射糟糕父母的小说。”而关于角色，在舞台上拥有罕见的情绪张力和智慧，而本人又理智且迷人的康伯巴奇很快便开始针对有些人通过先入为主的印象而产生的肤浅的评价来进行反驳：“我厌恶这种类型化区分，我，一个可恶的学院派，刚刚设法逃脱硕士课程的诱惑；米勒，《猜火车》里那个染着杂毛的疯狂野小子。”“我们有着不同的工作方式，但是区别不大，因为我们对待台词的风格是一样的，我们有着相同的幽默感，并且对于一件事的好与坏有着共同的认知。”而处在丹尼·鲍尔的位置，这对他来说，没有任何区别。“我只是想让两个‘盛气凌人’的好演员没有任何恐惧的感觉。”他笑着说，“我总是忘记我没有在拍电影。我在彩排过程中某些特别紧张的时刻会走向演员，就好像我手拿着摄影机并且想着要离得更近些。”

还有一件让人不敢相信的事，本尼迪克特和米勒都曾在伦敦的圣托马斯医院观察过解剖尸体的过程，这简直太神奇了！因为如果没有得到死者亲属的同意，任何人都不可以观看尸体。然而这个40多岁的死者是因为过度吸毒而导致死亡的，并且没有联系到任何亲属。根据本尼迪克特的回忆，这是一次非比寻常的经历。“我了解到人体构造的全部细节。当皮肤被切开就像是剥洋葱，你可以看到皮下组织的样子，又或者肌肉长什么样子，骨头是多么坚硬，以及观察检验器官和称重。这就是生命，所有的这些组成了我们。一个有性格品行的人躺在桌子上。你不能相信这个事实，因为我们已经对恐怖故事麻木了，然而当我被拉回现实如此近距离地在解剖室观察一场针对人体的手术时，这真是令人叹为惊止。”

同样让人惊讶的是，记者回忆起当他遇见本尼迪克特时的样子，“他一手拿着一瓶水，嘴里嚼着生蒜，抱歉地说他得了感冒。”像往常一样，本尼迪克特在 2011 年 2 月 5 日表演开始的那天终于克服了疾病，恢复了健康。在明星云集的首映夜晚，这部舞台剧演出得非常成功，并且得到了一致好评。

伦敦的报纸对本尼迪克特的表演赞赏不已，同样，《纽约时报》和《好莱坞报道》同样对他分演两个角色给予了万分肯定。“康伯巴奇饰演的弗兰肯斯坦拥有了先天的优势，当他渴望寻找智慧时让人感到无比心痛，紧接着，一种怜悯之心油然而生。”结果导致《弗兰肯斯坦的灵与肉》成为了伦敦乃至全英最火爆的舞台剧。2011 年春天，国家剧院的票全部销售一空并且大批观众恳求下一年至少再加上一场。因此 2013 年在国家剧院 15 周年的庆典中，《弗兰肯斯坦的灵与肉》重回舞台，这次吸引了数以千计的人，英国乃至世界各地的人来到这里观看演出，大家生怕以后再也没有这样的机会了。

本尼迪克特则更加关注到“英国艺术民主化”的问题，“这是高于舞台的。广播是把这一表演传播给世界的最好方式，人们之前很少关注舞台剧，但希望这次的演出可以在一定程度上挽回局面。这个故事讲述了很多问题，例如：家庭、种族、社会礼仪和管理以及性别歧视——就像一场盛宴，无论你想关注哪方面的问题，在这里都可以得到诠释。这也是娱乐业的一声很特别的呐喊，在这里真的是一场无与伦比的情感经历。”

“开场的十分钟尤其让人感到震撼！”《伦敦晚报》的亨利・希金斯描述道，“这是在以往的舞台剧中从未感受过的气氛，当裸露的怪物从像纸做的子宫中爬出来的时候，缓慢地蠕动，逐渐适应周围的环境，他试探性地接触这个恐怖而陌生的世界。舞台剧讲究形体控制，在这一点上本尼迪克特・康伯巴奇功底十分扎实。在开头的一段，他努力展现这个‘科学怪人’

刚刚获得生命时还不知道如何运用自己的肌肉，从不断摔跤到能够摇晃着站立再到踉跄行走，过程真实而极具震撼力。”《每日电报》的查理斯·斯潘塞赞同地补充道：“毫无疑问，《弗兰肯斯坦的灵与肉》给予了观众最好的视觉震撼，让人内心激动不已。”《每日邮报》的帕特里克·马米恩也表示：“我们厌倦了之前无数剧作的过度宣传，但是这部剧真的不会让人失望。”他接着激动地补充道：“对于博伊尔导演的这部哥特式经典的感受就像是一个孩子到了玩具店一样快乐。”当然最热烈的讨论还是在本尼迪克特和米勒的表演上，关于比较他们谁的表演更好。一向眼光苛刻的迈克尔·伯林顿很少会给予他人很高的评价，但是这次他写道：“真是令人惊讶的表演，康伯巴奇的怪物让人难以忘怀”。埃文·泰勒尽量克制住内心对于米勒的赞美，称他“像时光机一样把人们带回到19世纪”。“他带给我们的是比感觉更深的感悟，”泰勒继续说道，“这种感悟就像是跳芭蕾舞时突然产生的肌肉痉挛一样，又如同做电椅一般电流刺激全身。”的确，起初对《弗兰肯斯坦的灵与肉》的评价几乎没有一条是负面的。

然而在演出持续三个月后出现了负面的新闻，本尼迪克特精疲力竭，大家担心他的身体无法应对之后的工作。“我的腕关节出现了问题，感觉臀部也很疼痛，紧接着我的脖子也不正常了，最后我的声音总是变化不定，无法控制。我的左脚患了跟腱炎，总是处于极度疼痛的状态。我感觉每坚持一分钟都在不断挑战着自己的极限。下台之后我就感觉整个人掉了5磅的重量。当时的条件非常艰苦，身体一直在饱受疼痛的折磨，但是我觉得为了这个舞台剧很值得。之后，我在医院花了很长一段时间进行康复，几乎身体上的每个部位都有损伤，这真是一部艰难的舞台剧，但结果是完美的。”

米勒也有同样的感受，在几个月之后，二人也因此获得了奥利弗奖、伦敦标准晚报戏剧奖以及英国戏剧评论圈奖的最佳男主角奖。不过在领奖之前，他们还在筹备最后一场演出，在英国最大的舞台上伴着迷人的烟火大声地呼喊着、搏斗着、笑着、哭着……他们尽可能地去享受最后一段剧情。在谢幕的一周后，本尼迪克特准备向达特姆尔高原进发，去拍摄《神探夏洛克》的续集。不过与此同时，他接到了来自大导演史蒂芬·斯皮尔伯格的电话。

第八章

# 从贝克街到世界中心

SOUL OF

SHERLOCK

BENEDICT CUMBERBATCH

2010 年对于本尼迪克特来说又是重要的一年。在这一年里，本尼迪克特除了以夏洛克的身份红遍全球外，还参演了由史蒂芬·斯皮尔伯格执导的“一战”大片《战马》。英国作家迈克·莫波格创作于 1982 年的儿童小说《战马》是影片的改编来源，这本小说也曾经在 2007 年被尼克·斯塔福德搬上戏剧舞台，可谓一本家喻户晓的小说。那么迈克尔·莫波格是怎么想到要从人和马的关系入手来写战争故事的呢？这还要从头说起。

莫波格住在英格兰伊兹利的德文区乡下，这里曾经是“一战”中著名的德文骑兵队大本营的所在地。后来莫波格见到了几个“一战”的幸存者，其中一个骑兵告诉他，在战场上，他们是多么信任自己的马。另外一个老兵讲述了在战争中一些令人感喟的生离死别的故事。在这些故事中，有一个共同的主角，那就是马。于是，莫波格就按照马的线索追寻下去，他了解到在“一战”中死掉的马足足有 1000 万匹。于是，一个以马的战争经历为线索的想法便在莫波格的心中产生了。

几年之后，做了无数次采访和调研的莫波格遇见了一位怪人，他不喜欢和别人打交道，而是把自己所有的心里话都和马说。见到了这位怪人之后，莫波格终于确定了自己的小说情节：写一匹马在战争中的境遇。它经历了数个家庭和不同主人的喂养，看到了战争的全过程，战争留给人类的伤痕同样留在了马的身上。那些人类的喃喃自语已成为了它生命的一部分。在莫波格的小说中，这匹马的主人经历了一个农场男孩、一个英军骑兵军官、一个德国士兵以及一个法国家庭。因为视角独到、文字洗练，1982 年这本小说出版之后，获得了当年的惠特布莱德奖（即现在的柯斯达文学奖）亚军。

小说获得成功之后，莫波格想将其改编成舞台剧的剧本，但是要把一匹马的视角扩展到人类身上，可谓一件天大的难事。所以在进行了 5 年的努力之后，著名英伦制片人西蒙·威廉和莫波格的改编宣告失败。不过，在 2007 年，科班出生的尼克·斯塔福德却将小说成功改编成了剧本，并排演成了话剧。因为这出戏，尼克·斯塔福德获得了 2008 年劳伦斯·奥利维尔奖的提名，并在 2011 年获得了托尼奖。

当史蒂芬·斯皮尔伯格在英国国家剧院看完舞台剧《战马》后，他深深地被吸引了，并打算着手把它拍成电影。这位成绩卓著的导演在工作时始终保持着童心。斯皮尔伯格说："在这个故事里，我不仅看到了战争给人类社会带来的伤痛，更重要的是，我还看到了美好和善良的人性。所以，我被打动了。而且，故事中还有一个小主人公，整部电影的情感线索都是由这个小主人公对自己喂养的小马驹的想念穿缀起来的。所以，我觉得这是一个很有童趣、很有爱心的故事。我们能在其中安排很多东西——不仅仅是战争的元素。对我来说，拍摄这部电影，就好像重新回到了童年一样。在美国，'一战'是一场很少被提及的战争，这并不正确，所以我也觉得我有必要来拍摄一部讲述'一战'故事的影片，选择《战马》是非常恰当的。"

斯皮尔伯格的这种用童星拍电影的想法得到了剧组很多成员的支持，迈克·莫波格甚至形容他"就是一个孩子"。莫波格说："斯皮尔伯格极有才华，又很有童趣，很多时候，他天真而烂漫。所以，影片中的很多戏份都

**上图：**马克·加蒂斯、本尼迪克特和马丁·弗瑞曼在伦敦分享英国学术电视奖的荣耀。

**下图：**2011年2月，本尼迪克特和约翰尼·李·米勒一起在英国国家剧院出演了《弗兰肯斯坦的灵与肉》，两人交替饰演怪物和创造者。这是本尼迪克特一次极具挑战的表演。

**上图：**在史蒂芬·斯皮尔伯格执导的《战马》中本尼迪克特和帕特里克·肯尼迪、汤姆·希德勒斯顿的紧张时刻。

**下图：**2012年1月，本尼迪克特和史蒂芬·斯皮尔伯格在伦敦欧狄恩莱斯特广场出席《战马》的颁奖典礼。

**上图：**本尼迪克特在《锅匠，裁缝，士兵，间谍》中饰演一个英国特工，这是本尼迪克特一直梦寐以求的角色，他称之为“对演技的终极考验”，图中为与他合作的加里·奥德曼。

**下图：**本尼迪克特在排练《愤怒的回归》前在英国约克公爵剧场门口给粉丝们签名。

从贝克街到宇宙深处，本尼迪克特在J.J.艾布拉姆斯执导的科幻电影《星际迷航:暗黑无界》中扮演神秘复仇者。图中为他与全员第二次登上企业号远征时。

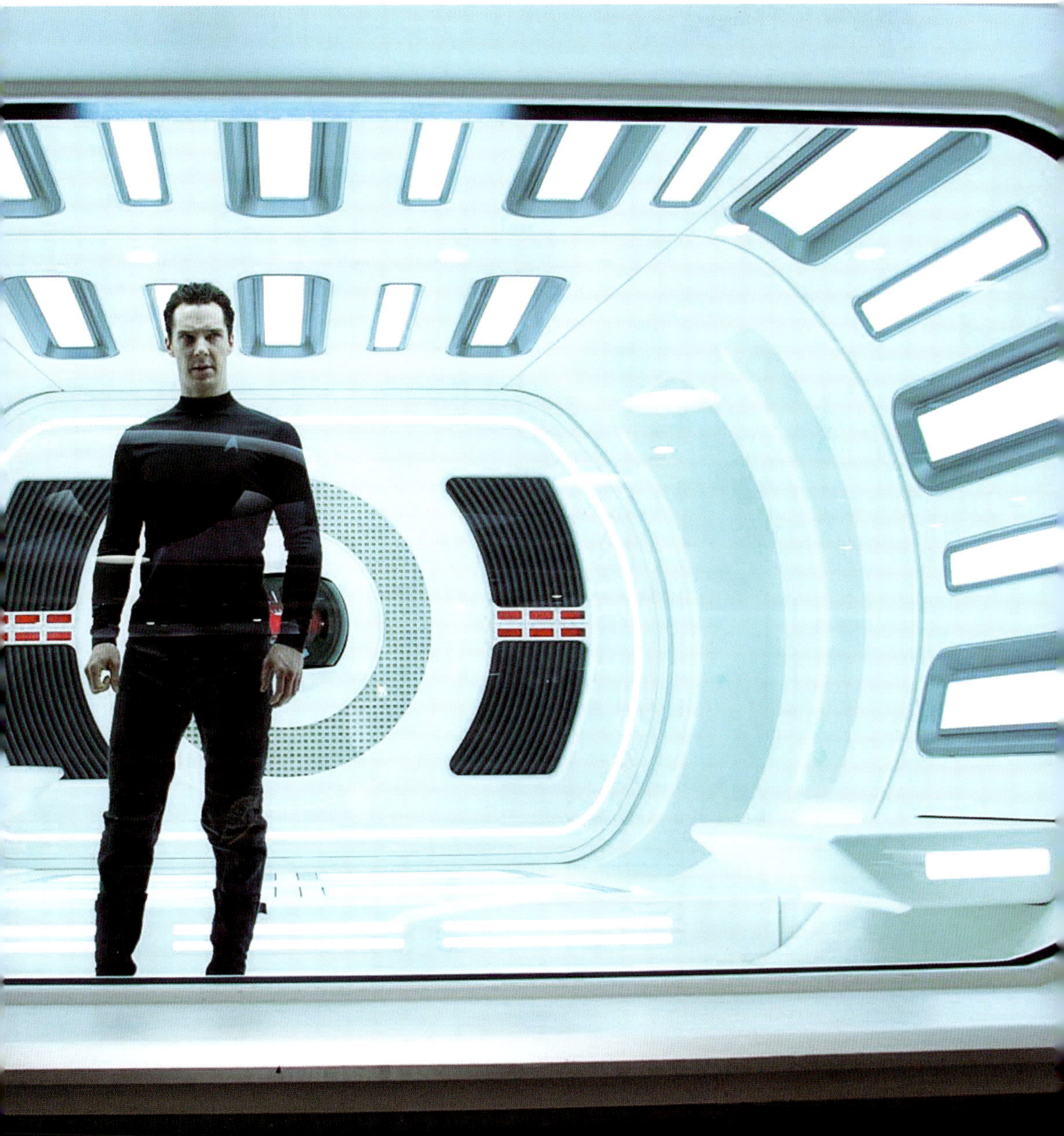

**上图：**本尼迪克特和切瓦特·埃加福特一同出演的《为奴十二年》荣获了多项大奖的提名。这部电影是史蒂夫·麦奎因执导的，讲述了一个关于美国奴隶重获自由的故事。该片在2013年9月多伦多电影节公映之后，多数影评人都给予了极高的评价。

**左页图：**虽然很多演员可能都会选择放弃饰演“维基解密”创始人朱利安·保罗·阿桑奇的传奇故事，本尼迪克特却欣然接受。图为电影《第五阶层》的宣传海报。

这张照片是本尼迪克特和凯拉·奈特莉 在2014年10月为《模仿游戏》出席伦敦国际电影节时拍摄的。

2015年1月加州，本尼迪克特参加在比弗利山庄举办的金球奖晚会，本次晚会是由温斯坦影业公司组织的。

被他拍摄得既有童趣又有观赏性。更难能可贵的是，斯皮尔伯格还是一个非常善良、和蔼的人。我去片场探班几次，每次遇见他给我留下的印象都是相同的。”

与戏剧用玩具马当作道具不同，在斯皮尔伯格的电影里，他使用了超过130匹真马作为“马主演”，至于客串的“马演员”，那就更多了。关于影片的剧本，柯蒂斯说：“我曾经考虑过从戏剧剧本改编电影剧本，因为原著小说的视角实在是太独到了，但是斯皮尔伯格鼓励我用自己的视角大胆地改编。后来我仔仔细细地看了小说和戏剧的剧本，两者结合，写出了我自己的电影剧本。”

在得到电影版权之后，斯皮尔伯格开始了选角阶段的工作；他第一个打给本尼迪克特的经纪人。经纪人转告本尼迪克特，斯皮尔伯格是他的粉丝，他非常喜欢第一季的《神探夏洛克》，并且完全被《弗兰肯斯坦的灵与肉》所感动。他希望本尼迪克特读一下剧本，然后找个时间和他碰个面。

然而这个面，差一点就没有碰到。在《弗兰肯斯坦的灵与肉》演出前几个小时，斯皮尔伯格约本尼迪克特在他下榻的康诺特酒店会面。当本尼迪克特骑着他的摩托车到达梅尔区时，发现没有停车位，他就一个街区一个街区地寻找停车位。当他终于找到停车位之后，发现已经迟到了很久。“当我赶到的时候，我感到很抱歉，并不停地说着‘对不起，对不起’，但是史蒂芬并没有在意这些，很友善地向我打招呼。”他记得一周半之后，再一次接到经纪人的电话通知，“本，斯皮尔伯格要你参加这个电影！”“我实在是太兴奋了，那是我人生中值得记录的一笔，然而我又被告知这件事不能跟任何人说，所以我当时忍不住走来走去，脸上露出巨大的门牙和难以掩饰的喜悦。

本尼迪克特·康伯巴奇在《战马》中饰演的是北萨默塞特义勇骑兵队少尉，他勇敢果断、刚愎自用，率领骑兵进攻德军遭机枪袭击。从第一次世界大战开始，大规模的骑兵冲锋将逐渐退出现代战争史的舞台，武器的升级带来战争性质的变革，电影中对此亦有充分表现。在影片中，与本尼迪克特搭档的是“洛基”汤姆·希德勒斯顿，他饰演了一位忠诚的北萨默塞特义勇骑兵队上尉。作为战马乔伊的第二任主人，他对乔伊的热爱丝毫不逊于艾尔伯特。

起初，《战马》这部舞台剧深深吸引了制片人凯萨琳·肯尼迪：“我不能控制自己的思绪，这个故事和情感一直从我脑中迸发出来。”她立刻想到了斯皮尔伯格，她认为他是很有创造力的人，“一开始，史蒂芬特别担心把这个故事拍成一部战争电影，观众可能不会很感兴趣，”肯尼迪解释道，“相比之下，史蒂芬更喜欢《战马》中男孩和他的马之间的友谊，以及他们所经历的旅程。每个人都能深刻地体会乔伊的情感，虽然不能帮助它，但是却时刻关心在它身上所发生的一切，跟随着乔伊的脚步，史蒂芬展现出了战争双方民众的善良之处。”

一开始，肯尼迪以为斯皮尔伯格会将故事的重点把控在人与马之间的友谊上，从而让人们了解他们所处的环境。后来，莫尔普戈对于斯皮尔伯格的思路十分钦佩，“这真是不可思议的思想上的火花，我们都是故事的讲述者，也都着迷于如何将故事进行更好的延展，史蒂芬告诉我，他采用的方法会更加有深度和宽度。”

伦敦总部的执行制片人雷弗·盖斯特在看过舞台剧之后就想把《战马》改编成电影——也表达出了她的兴奋。“除了史蒂芬·斯皮尔伯格以外，我想不出别的适合执导这部电影的人，”她继续说道，“他是爱马人士，也是当今拍摄战争片最好的导演，两者结合简直是最完美的。”

斯皮尔伯格喜欢启用新人，“要应征艾尔伯特角色的有上百个男孩儿。杰瑞米差不多排在队伍的正中间。这点和当年克里斯蒂安·贝尔试镜《太阳帝国》不太一样，选角第一天，我看到的第二个小演员就是克里斯蒂安。我当时已很满意，只是想看看接下来几周会不会还有别的人选，结果并没有更好的出现。杰瑞米的情况同样如此，他很早就被我们记在心上。几个月后，当确定没有和其实力相当者，我们又找到了他，他确实是这个角色的不二人选。”于是，艾尔伯特由英国年轻演员杰瑞米·艾文扮演，这是他的第一部大银幕作品，关于拍摄电影，艾文说：“这部电影和我想象的很不一样，我们用着老式的武器，做着 100 年前的人做的事情。这很有意思，而且斯皮尔伯格也是一个很有气质的导演。他对现场的掌控、对电影的理解和把握，都给我留下了很深刻的印象。刚刚开拍的时候，我很紧张，总担心自己的发挥和拍摄中的一些突发事件，但是随着拍摄的渐进，加之导演的循循善诱，这一切都烟消云散了。”

本尼迪克特也是斯皮尔伯格要找的骑兵军官斯图尔特的最佳人选。电影的拍摄阶段恰好是《弗兰肯斯坦的灵与肉》结束后的几天，本尼迪克特和其他几位演员要接受一个短期马术课程急训，以备他们在马上的表演。在某种程度上，这个角色和本尼迪克特刚刚结束的舞台剧中的角色在体能要求上是很相似的。

然而为了电影的动作片段，在学习骑术时，本尼迪克特差一点就宣告了他职业生涯的结束。“我不会骑马，虽然我 12 岁的时候就曾经爬上马背，但是我并不能很快掌握要领，我依旧需要学习如何正确地去控制马匹。这里有优秀的课程讲述人与动物之间的配合。你只需要给予它们一些提示，就可以使马匹站起来，跳跃或者让它们去捡一个篮子送回到你手中。这是很难但是很值得学习的课程，不过也可能会很危险。一天，我那名为法尔多的马受到了惊吓，我以为它可能因此彻底疯掉。当时我在训练超越障碍以及捡东西并且放下。我觉得可能是我太急躁，突然给了一个令它困惑的指示，拍它的同时夹住马背。它认为我的意思是让它站起来，接下来我以为它会开始向前走。之后我犯了一个致命的错误，去拉住缰绳来维持我的平衡，保持我的马鞍的稳固。它开始向后退，紧接着，它突然向后倒下，差点砸到我，那真是太危险了。”

在接受采访时，本尼迪克特诉说着与那些健壮的马儿一起拍戏的兴奋，“在看到马儿都在那儿活蹦乱跳的那一刻，我就开始感动异常。我根本没法想象如我这般糟糕的“骑师”如何与它们互动，幸好它们都是非常好的马，与我们朝夕相处的马。电影的信念是你得让自己相信它们可以跟你一起去上战场。陪这些马儿，从小马驹到成年，然后去完成那些可能连人类都无法完成的艰巨的挑战。影片还描述了我们人类如何相互对待，这从马或者其他动物眼里看起来非常神奇。”同时，本尼迪克特还对这部影片的意义作出了深刻的阐述，“为了了解当时的情景，我们练习骑术，我们做了很多功课，我们阅读了大量的作品，尽量去代入当时战壕里的场景。当然最重要的是我们要尽最大努力去还原英雄的骑士精神和‘一战’时年轻人要求参战的一腔热血。而对于这场战争大家都以为到圣诞节就会结束，这是一场轻轻松松的战争，然而，没人意识到这场战争的残酷性。我们需要展现的就是这种转变，对战争单纯态度的泯灭以及对死亡的习以为常。我们在影片中想讲述的就是危险的英雄主义与沙文主义不过就是把人们变成枪靶子。”

根据采访过众多明星的记者回忆，本尼迪克特是极具幽默感、不知疲倦的人。他记得每个人的名字、能回忆起重要的细节，并给予每个问题深刻的思考。最难能可贵的是，他勇于尝试。他的朋友马修·古迪说道："他追究一个问题时喜欢刨根问底。他有能力把观点一说成观点二并且解释得非常清楚。"有时候，过大的压力会让他胡言乱语，只有给他准确的脚本，以及准确的位置，在没有任何干扰的情况下，他才会心安。当他与《广播时报》谈论他"被批评有时显得过于清高"时说道："所有奢华的诱饵都是如此可预知又如此无意义。"

当谈起与斯皮尔伯格合作的感觉时，本尼迪克特盛赞了这位国际知名的导演。"斯皮尔伯格希望告诉每个人想知道的那些非常有趣的故事。他给我们讲述关于拍摄《拯救大兵瑞恩》时的场景，还给我们讲肖恩·康纳利和哈里森·福特在拍摄《夺宝奇兵》时的逸事。当你听到你孩童时偶像的故事时会热血澎湃。他还会在片场拿着平板电脑像个孩子一样玩儿电子游戏，这使得大家都很放松。这种风格使他像一介平民，而不是人们眼中的神。他希望鼓励大家共同参与电影制作的过程，每个人都负起自己的责任，大家都用自己的方式使氛围回到那个战火纷飞的时代。'一战'的往事正在被遗忘，我们有更多的责任使大家铭记这段被尘封的历史，尤其是现在'一战'的老兵大都已经逝世，没有人亲口对你说这段历史了。在这部讲述马的影片里，不管是技术上还是造型上，我们都非常严肃地对待。就是因为这种历史传承下来的沉甸甸的责任。可以说，所有我们骑马的场景都非常严谨，并没有什么黑色幽默的成分，我们每天做的就是想要成为当时的历史经历者。"

他自己对自己是这样定义的："我是一个生活在中等偏上家庭的孩子。

我知道这是有些幸运的，但是和我认为的那些幸运的人相比，我并不像他们那样说话。”本尼迪克特这样说是希望确保公共对他不要有什么误解，因为他在采访中偶尔的暴躁已经成为了一种标签。《好莱坞报道》的一名记者曾宣称这个“新一代的关键人物，很笨拙”，他这样描述对本尼迪克特的印象：“我对本尼迪克特·康伯巴奇进行了45分钟的采访，但是坦白说，效果很不好。”

在很多情况下，本尼迪克特似乎都处于危险地带，谁都会指责他。同样的情形发生在《大事件》的作者劳拉·凯丽身上，她说，当本尼迪克特成为一个大人物后，曾说“我已经成为了大人物将近10年了”，他显然带着讥讽的口气。另外一个事件，是拍摄《神探夏洛克》时，本尼迪克特曾拿着一张报纸的一角走到狗仔队面前说：“为什么不去埃及拍一些更重要的事情！”后来他回忆道：“我真的很震惊当时发生的一切，如果我也喜爱这种八卦文化，或许我会像那些娱乐记者一样问这样的问题。我并不是想摒弃这种流行文化，也不是轻视那些喜爱看夏洛克花边新闻的观众，”他继续说道，“我猜那是我最后一次与社会媒体开玩笑，如果对我的误解已经被出版，或是将要被出版，那么我想再次澄清，我希望能收回那些言语。”

在摄影机和聚光灯下，他的私生活越来越不像他所期待的那样。他和奥利维亚·波莉在北伦敦一起走过了十个年头，在经历了无数次分分合合之后，他们的感情生活终于走到了终点。

他们个人的职业生涯都处于巅峰。本尼迪克特在舞台和电影中都塑造了经典的角色，而奥利维亚也因为出演《爱就是一切》而登上头条。在此之后，她又拍摄了《幕后危机》。但是成功的事业并不一定能带来和谐的家庭关系，尤其是在娱乐圈。

在两个人事业的黄金期，似乎维持和谐的婚姻与家庭变得越来越遥远。当然，本尼迪克特一直对外宣称自己想成为一个父亲，然而现在变得越来越渺茫。“我一直想要个孩子，这件事我想了很久。”2005 年当他回答《时代》杂志的记者时曾经这样说。在 2011 年当他 32 岁时他再次被问到这件事，他因为依旧没有当成父亲而表现出了巨大的失望。在他空闲的时候，他会跟朋友的孩子玩儿，作为一个字面上的“怪叔叔”。

本尼迪克特在与奥利维亚交往十年之后，依旧没有孩子的音讯，甚至没有结婚的意图，这使他们最终的分开，显得不是那么出人意料。他们的分手，并不想引起公众的过多关注。他们想尽量避免小题大做，不给任何媒体拍到有关他们在一起的机会。当媒体八卦地问及此事是因为什么造成的时，本尼迪克特几乎没做任何实质性回应。是的，这对情侣分手了，之后就没有再做过任何解释。当然，这样依然不能阻挡媒体对此事的关注与好奇。

但是，本尼迪克特并不是孤独的。他的好友丹·史蒂文斯和米歇尔·道克瑞一直陪着他。他尝试花更多的时间在厨艺上，在他空闲时，经常会出现在家附近的印度人开的零售店里买东西。有时，他也会学马丁·弗瑞曼，开始徘徊在各种服装店里挑选衣服、裤子。“我在衣服上面的研究起步很晚，现在我突然意识到这是人生的乐趣。”他经常在怀旧主题的店铺里面闲逛，有时候他会买一些 T 恤或画册。回到家的时候，他会和朋友舒舒服服地趴在沙发上观看一些经典影视剧，比如《火线》《办公室的故事》《广告狂人》等。

即使他宣称单身生活很快乐，依旧不能使大家完全信服。像很多其他的单身者一样，不能总是被理解。“在我上一次单身的时候，跟现在完全不是一个人。那是在曼彻斯特大学的早期，那时候我沉迷于姑娘、喝酒和夜店。”

但本尼迪克特依旧怀念与一个相知相爱的人在一起的时光。再加上现在约会变得不是那么简单。“人们认为他们了解你甚至快超过你自己了，你不能控制这种想法，也不能控制你带给别人的看法。”马修·古德非常同意这个观点。“他不老，然而依旧将近 40 岁了，因此他渴望一份长久的感情，但是如果他要选择那个对的人，我相信那个对的人会慢慢地向他走近。他将要享受他的人生。”

本尼迪克特不像其他刚刚分手的人那样，他有很多事情可以分散注意力。不知不觉间，他迅速成为了全英国最忙的演员。广播脱口秀请他参加，还有很多配音的广告邀请他。他的声音为他赢得了很多机会，完成一天的拍摄就足够他几个月的生活费。接下来他回到了大荧幕，尽管是一个不到两分钟时间的角色——在影片《告密者》中扮演一个美国警察。

《告密者》根据十年前在联合国担当维和人员的凯瑟琳·波克瓦克的真实经历改编而来。警察凯茜申请来到波斯尼亚参加维和行动，无意间发现维和人员参与了贩卖人口的罪行中。为捣毁这个犯罪集团，她排除万难，收集血证，发现多个国家军官和外交官涉案其中。一时间已难分敌我。凯茜誓死维护正义，却反被革职处理，她的调查为她带来了无数麻烦，但她从未放弃坚持信念，最终将真相公布给了媒体。导演拉尔沙·康达基前后用了将近三年的时间走遍整个东欧，几乎拜访了每一位亲历者，之后开始了正式的剧本创作。

本尼迪克特在影片中扮演维和部队警官尼克·考夫曼。尼克是一位正直的警官，他是蕾切尔·薇姿扮演的波尔可维奇的后盾，为其提供军事上的保护。尽管出镜不多，但他的形象给人留下了深刻印象。本尼迪克特的美国口音让人感到意外。相对于那些有着更多戏份的角色来说，这些小角色让本尼迪克特的演出更加丰满，他在不同的角色中体察不同的语音、语调和语速，每一个不同的姿势带来的变化都与角色息息相关。

当然，他亟不可待地想要获得一个大角色，是的，这次他将会参演电影界最伟大的三部曲，他正向地球中心迈进。像很多男孩儿一样，本尼迪克特小时候有听睡前故事的习惯。他记得当时他的父亲经常拿一些故事给他讲，还会模仿各种不同的声音。在众多故事里，他最喜欢的是约翰·瑞尔·托尔金的《霍比特人》，本尼迪克特承认这个故事他听了无数遍。你可以想象当这个故事准备改编成电影，尤其是由伟大的电影人彼得·杰克逊指导时，他有多兴奋。彼得·杰克逊导演的《指环王》系列现在依旧是世界上最成功的电影，赢得了 17 项奥斯卡金像奖的提名。

如果这还不够，那么当本尼迪克特听到伊恩·麦克布莱恩（《指环王》中获得奥斯卡最佳男配角提名，1966 年曾与本尼迪克特的父亲以及 2005 年与其母亲合作）参与这部戏时，更是激动万分。“我看了一段他试戏的片段，他在镜头中的表演、声音、表情让很激动。”他接着说：“虽然当时我还不知道自己将会扮演什么角色。杰克逊也不知道，但是我听从麦克伊恩的建议：同时为巨龙史矛革和死灵法师进行配音和动作捕捉。”他在《神探夏洛克》中的好友马丁·弗瑞曼在片中饰演男主角比尔博·巴金斯。正是这次机会，让弗瑞曼成为了影视圈旗帜性的人物。

原著《霍比特人》于 1937 年出版，全球销量已突破 1 亿册，被译为 50 多种语言。作为一部儿童文学——故事的内容展示出了作者童话式的爱情观、战争经历，以及对抗命运的勇气。

尽管有无数的改编版本发表在媒体上，但是《霍比特人》从来没有被拍成电影，直到彼得·杰克逊决定接手它。他作为一个电影人对这个惊幻故事充满着热情。

影片在新西兰拍摄，《霍比特人》最终由上下两集改成了三部曲——情况类似之前杰瑞·布鲁克海默作为制片人的《加勒比海盗》。

对本尼迪克特的另一诱惑是杰克逊的电影总是有很高的票房。他会把演员推到一个新的高度，为他们打开更多的大门。本尼迪克特的主要角色史矛革是一只巨龙，这扩展了他的专业精神。以前，他研究一个新的角色是通过采访有相关经历的人，或者是读一些关于他们的自传的方式。而这一次，为了研究如何饰演好史矛革，他去伦敦动物园看科摩多巨蜥。“关于动作捕捉的影片，我看过《金刚》《指环王》以及《阿凡达》。这是我第一次接触动作捕捉的表演，非常兴奋，我可以发挥无尽的想象力。没有布景、化妆造型、镜头调动等传统电影拍摄该有的东西，也没有其他演员配合，就像置身于真空中。因为没有回应，可能会迷失自我，但也可以抛开一切杂念，尽情发挥。我去动物园，研究骨骼运动的不同方式，尤其是头部运动的方式是怎样的。像一个表演系的学生一样去研究那些动物的习性。这非常有帮助，我想让角色有血有肉，这样声音就不会显得没有灵魂。我也想让这个动画做出来的角色加入我的元素。我作为一个人尽可能地表现一条龙，独一无二的龙。这看起来傻傻的，但是非常有趣，你什么都不用管，就是一个人在那儿表演，一个人在那玩儿，就好像回到童年，我父亲在床边给我读《霍比特人》的故事，而我只需要躺在自己的床上去想象。没有布景、没有定点，放下所有的羞涩，自己一个人在脑袋里瞎折腾。史矛革又非常不同，因为它会说话，会飞，还会喷火。对我来说，它就是真实与奇幻的结合——真实的拍摄和高科技手段相结合，几千位工作人员的合作，才共同成就了最终的完美效果。”本尼迪克特还强调，去了解正确的运动方式是至关重要的任务。“他蜷着身体微微向前倾，转动着他的眼珠。去展示他在动物园里看到的巨蜥。”一位记者在本尼迪克特要离开伦敦前采访他时写道。

大成本制作的《霍比特人》无疑邀请了众多明星参加。本尼迪克特将与凯特·布兰切特、克里斯托弗·弗兰克、卡兰迪尼·李一同在海报上亮相。但是他在片场并没有与他们直接碰面。大多数时间，他都在一个人表演，面对一个绿幕，由杰克逊指导他的演技。这个摄影棚十分巨大，本尼迪克特穿着一身特殊的衣服，这身衣服会记录他的动作。四台斯坦尼康摄影机和一面墙的传感器记录着他的一举一动，信息被同步传到电脑里，在荧幕上可以直接看到合成后的造型。虽然史矛革和人类还存在着很大的差异，但是可以很清楚地看出本尼迪克特·康伯巴奇的影子。“原著中史矛革就是一条有点‘话痨’的龙，它有自己的性格，会用语言表达各种情绪，还会讲谜语、会称赞、会恐吓。原著中就是这样描述的，其中有一个桥段就是史矛革和一个会读心术的人交流。让他说很多话，通过声音的回响可以展现出他的不可一世。我们曾经设想过让它不要开口，类似通过心灵感应来交流，但这样史矛革就会很像动画人物，失去他具有人性的一面。所以最终到了电影的重头戏，在史矛革和比尔博的正面冲突中，编剧为它设计了很多台词。在和比尔博相遇时，史矛革不断和他对话，是在套问比尔博下一步的行动。这些细节使得这个角色很丰满。假设，我们选择让史矛革闭嘴，面无表情来回移动、用心电感应的方式交流，也许会变得很无聊。”导演彼得·杰克逊回忆道。

“我非常幸运能和彼得一起工作，”本尼迪克特兴奋地说道，“从我演戏以来，这是最为非凡的经历之一，因为在我们拍摄过程中，我和导演还有一个完美的团队独处在一起。那是一个很棒的地方，有着最高超的动画科技，那真是一段特别有意思的时光。在拍摄过程中也非常出彩。同时我也花了很长时间做后期配音。那简直是一种释放，就像在玩儿电子游戏。这将会是一部杰出的电影，绝对会让观众一饱眼福。”在《霍比特人》中，本尼迪克特要扮演两个不同的角色：死灵法师和巨龙史矛革。他描述与导演彼得·杰克逊一起工作“就像土著人一样在脸上画着彩绘”。当然不利的情况是你没法跟其他人互动，比如本尼迪克特一直都很景仰的马丁·弗瑞曼，这很遗憾。但是也有好的一面，他可以无中生有、自由挥洒。“我进入剧组时候，马丁已经拍了一年半的时间，当时他正在和家人享受圣诞假期，不过我们确实有一些交流，他曾经与我对词，来帮助我进入状态。这段表演也让我意识到马丁的工作是多么了不起，我相信在一定程度上我们依然保持了一种默契。我非常欣赏马丁，他是我的好朋友，也是一名优秀的演员。作为一名观众，我完全被他扮演的比尔博所折服，这和他在《神探夏洛克》里的角色是完全不一样的。对我们两个而言，这次合作也是一种全新的经验，因为毕竟是一种远距离的配合，希望能够很好地呈现在画面上。我知道这会是一部很棒的电影，会成为我人生的重要时刻。《霍比特人》小说是我童年的重要组成部分，所以能够扮演史矛革，有种梦想成真的感觉。”

2013年，《霍比特人：史矛革之战》上映。本尼迪克特和马丁·弗瑞曼空前忙碌。即使这样，在2011年他们也不得不暂停在新西兰的拍摄，飞到英国去完成《神探夏洛克》的第二季和第三季。杰克逊很支持他们回去工作。“彼得完全理解《神探夏洛克》，并且非常喜爱这部剧。”本尼迪克特荣幸地说。

本尼迪克特本身是个摇滚迷，后来他发现大卫·鲍威也是《神探夏洛克》的粉丝。“他对影片非常着迷，”本尼迪克特说，“这简直太酷了！就像是在拍摄《霍比特人》的空闲还可以去跳个伞一样酷。”

回到英国之后，本尼迪克特演艺生涯的旋转木马加快了转速。大多数演员在拍摄完三集90分钟的《神探夏洛克》，再加上斯皮尔伯格电影最后剪辑阶段之后都会感到筋疲力尽，想要休息一下，然而，本尼迪克特表现得特别“贪婪”。马修·古迪回忆起他和本尼迪克特刚从国家剧院回到他的家时的一次交流，“我爱人问‘本，你怎么样？’然后他回答：‘嗯，我很好，我的意思是我现在没有工作。’他已经两天没有工作了！看起来‘没有工作’的他，显得有些失落。他是那种闲不住的家伙。”很快他就在电影《锅匠，裁缝，士兵，间谍》中得到了一个角色。这一次是本尼迪克特一直渴望的角色，但也是最为可怕的一个。

提到《锅匠，裁缝，士兵，间谍》这部电影还要从导演托马斯·阿尔弗雷德森碰到约翰·勒·卡雷（本片的编剧兼制片人）的时候说起。根据托马斯的回忆，当他们第一次相遇时他就明确了他的愿望——要制作电影版的《锅匠，裁缝，士兵，间谍》。“他告诉我说：‘不要按照小说原著亦步亦趋地拍摄，也不要重拍电视剧的版本。我不会干涉什么具体事情。但是当你有任何想法的时候，请打电话来告诉我。’我想我在表面上是服从他的意愿。当然，我也没有能力在一部电影里把原著349页的内容都拍摄出来。不过，我总是能想到办法在电影里拍出来小说的主题和一些关键性的情节，并表达出我所看到的内容。我觉得我们拍出了一部忠于原著的作品，可能在当今社会中，人们更容易接受那种快节奏，所以这部电影才显得难能可贵。”

本片根据约翰·勒卡雷的同名原著改编而成。主人主约翰·勒卡雷，其原型为大卫·康威尔，1931年享誉英国。18岁被英国军方情报单位招募，担任针对东柏林的间谍工作。退役后在牛津大学攻读现代语言，之后于伊顿公学教授法文与德文。1959年进入英国外交部，同时开始写作。1963年以第三本作品《柏林间谍》一举成名，知名小说家格林盛赞：“这是我读过的最好的间谍小说！”从此一举奠定文坛地位。作为老版本的编剧与原著作者，约翰·勒卡雷一直很想重新拍摄一遍《锅匠，裁缝，士兵，间谍》。他的这一想法并不是空穴来风，因为他希望在新的时代里，重新唤醒这种经典“冷战”小说的魅力。而原著中的那种阴森、恐怖、危险无处不在的慌张感也让他对改编充满信心。勒卡雷的念头得到了皮特·摩根的支持，这位擅长打造政治故事的编剧说：“原著小说是一本经典的‘冷战’间谍剧，作为编剧之一，我要做的就是把其中最有时代特征和戏剧性的内容表达出来。因为原著是一部精致、丰满的作品，所以改编需要大刀阔斧地削减掉很多旁枝细节，只保留最典型、最闪光的部分。”

《哈利·波特》系列让全球影迷看到了英国演员的出色演出。同样，在这部影片中，全英演员的班底也带来了同样的效果。导演阿尔弗莱德森说：“这部电影非常考验演员的表演功底，因为每个人物都不是无辜的。而且，在那么错综复杂的环境下，大家只能勉强自保，他们都有自己的小算盘。所以，要展示出这样一种微妙的、混沌的状态是很难的。多亏了那群英国演员与生俱来的气质和他们对细节的处理，这部电影才能呈现出如此迷人的质感。”

本尼迪克特的加入受到了瑞典导演托马斯·阿尔弗莱德森的热情迎接。

在上一次与斯皮尔伯格的会面迟到之后，他决心以更职业的态度对待日后的工作。这个瑞典导演用很轻松的口气告诉本尼迪克特重点在哪里，这让本尼迪克特十分顺利地完成了表演任务。

《锅匠，裁缝，士兵，间谍》的故事发生在20世纪中期，“冷战”持续性破坏着各国之间的外交关系。英国军情六处正在不顾一切地与其他国家的间谍活动并驾齐驱，就为了让英国能够处在一种绝对安全的保护状态下。军情六处的管理者私下将异常专注的特工吉姆送到了匈牙利，然而吉姆在完成任务的时候却引发了一场血腥的灾难，上级也被迫退出。原来，一直有一个被俄国安插进来的双重间谍埋伏其中，这个不明身份的人掩藏得太深了，由此所制造出的恐惧也是与日俱增，威胁着整个英国的安全。已经过上退休生活的乔治·史迈利本是被怀疑的对象，但是经过调查他的清白已经被证实，与此同时，史迈利也奉命出山，在本尼迪克特饰演的年轻特工彼得·吉勒姆的帮助下，乔治开始分析整个行动计划的所有细节。任何与双重间谍有关的踪迹仍然处在一种危险的状态下，见解独到的特工里奇·塔尔在土耳其秘密进行间谍活动时，爱上了叛国的已婚女子伊琳娜，她宣称自己掌握着一个非常关键的情报。而乔治也将怀疑的名单缩减至4人，他们分别是自负且有野心的珀西·阿勒林，代号为“锅匠”；温和并相当有自信的比尔·海顿，通常被称为“裁缝”；信念坚定的罗伊·布兰德，代号“士兵”；过于殷勤的托比·伊斯特海斯，人称“穷人”，究竟谁是背叛国家的双重罪人？

最终，本尼迪克特成功诠释了多面的角色彼得·吉勒姆，这个同性恋特务精英受命协助史迈利找出暗藏的俄国间谍。这是一个极需要克制力的角色，每一个细微表情都要展现得恰到好处。本尼迪克特非常喜爱这个角色。“我一直想要扮演一个间谍，因为这是对于演技的终极考验，你展现给别人的永远不是真正的自己。”

本尼迪克特的热情是可以理解的，他饰演的吉勒姆作为英国军情六处“剥头皮”组织的头目，是一位资深间谍，负责暗杀、绑架、讹诈等事务，英国精英间谍势力乔治·史迈利也曾是这个机构的领导者之一，他像父亲一样对待吉勒姆。吉勒姆隐藏了他是同性恋的秘密——与史迈利相处时建立了深厚的友谊。电影通篇展现了吉勒姆在忠诚和背叛之间的抉择。

本尼迪克特像他一如既往的那样去思考这个角色。而这次他不仅仅去阅读相关的背景材料，还特地飞去了摩洛哥。他的角色，彼得·吉勒姆是个南非的旅行家，因此最适合本尼迪克特的方式就是去一趟南非。“这是我第一次一个人度过假期，”他说，“在深夜一个人走在南非小镇的街头，一个英国人尝试要感受吉勒姆的想法。当我没做这件事时就像空中飘舞的风筝，而做了之后，就像是打了一针兴奋剂，这是灵魂上的沟通，远比扮演‘冷战’时期的间谍更让我激动。”

当电影上映时，这部阵容强大的电影迅速占据了媒体的头条。《大众日报》这样评论这部电影的水准：“《锅匠，裁缝，士兵，间谍》是一场把迷宫般庞杂的间谍小说充分浓缩，用 120 分钟吸引人的挑战，一切都是理性的较量，于危机中迸发急智，在黑暗中分析黑暗，影片没有任何枪战、飙车的刺激镜头，故事本身凝练成如冬雨飘零的冷暴力，导演非常善于在不露声色中留下细细的线索，最妙的是所有线索点到即止，所有故事的经线、情感的纬线，影片具有一种奇特的魅力，从叙事节奏来看，悬念始终不是引爆性的，而是在静谧中蹑手蹑脚地步步前行。而在色调上，大地阴霾、天空暗灰、地影婆娑，仿佛时时处处都有一张无形的大网，时而飘动、时而收紧。这种极其沉得住气的英伦风格，将一种忧伤又充满颗粒质感的视觉表达，成功转化为人们的心灵感受。”

当电影杀青，本尼迪克特等待《战马》和《锅匠，裁缝，士兵，间谍》公映时，还发生了一个小插曲。一个纽约的制片人信心满满地打电话给本尼迪克特，他希望本尼迪克特可以来到百老汇去演出他的《舞会之后》。尽管本尼迪克特一直梦想着能登上百老汇的舞台，但是这次他出乎意料地拒绝了，让所有人大吃一惊。然而原因很简单，他认为电影才是他的未来。“我从未如此冷静地做过这样的决定，”他解释道，“我也有过一丝动摇，但是我非常明白我是热爱电影的，电影也给予了我很高的评价，我希望我可以参与更多的影视作品。”

不仅如此，公众发现，本尼迪克特又开始了新的约会。不过他和奥利维亚依旧是很好的朋友，不再回忆那些旧事，只是彼此祝福——在本尼迪克特的心里，他们之间依旧有着良好的关系。媒体终于不再过度关注他那些令人奇怪的个人习惯，取而代之的是他身边那些性感女演员的身份。“确实让我感觉轻快了很多。”他调侃道。尽管他认为自己又胖了，粉丝，尤其是女粉丝都对他不满意了，但是当他遇见安娜·琼斯时，他的自信又回来了。安娜·琼斯是一位伦敦时尚设计师，有着高挑的身材和深色的头发。虽然他们的关系一直非常低调，但是依旧不能阻挡媒体对这对情侣爆炸式的关注。

在获得如此巨大的成功后，本尼迪克特认为可以用自己的方式去解决单身危机。本尼迪克特觉得可以对依偎在他身边的安娜更加理直气壮一点，这样似乎显得更像个男子汉。后来安娜透露本尼迪克特拒绝百老汇的演出还有另外一个原因，好莱坞。如果去往美国，就意味着那个在英国学校里争强好胜的他又回来了。那个疯狂的橄榄球运动员——本尼迪克特曾一直追求成为一个赢家，在他的《神探夏洛克》获得了巨大成功时，他看到了一些他曾经的朋友和对手在好莱坞已经初露锋芒，比如30多岁的詹姆斯·麦卡沃伊、迈克尔·法斯宾德、本·威士肖……“他们都参与了一些好莱坞的大制作，我不介意也去小试牛刀一下，但，绝对不是现在。”

评论界也是倾向他这边，许多评论表示，如果他在《锅匠，裁缝，士兵，间谍》中的表演算是一种尝试，那么他一定能在更高的舞台上站稳脚步。事实的确如此，他在大荧幕中的英国间谍，以及在史蒂芬·斯皮尔伯格和彼得·杰克逊最近的电影中的表现证明了他仍然有潜力可挖。然而，娱乐圈的中心地带依旧是美国的西海岸，如果不出意外，在不久的将来，本尼迪克特想要探索自己是否能在那里有一席之地。

在2012年初，《神探夏洛克》第二季在翘首以盼中拉开了序幕，大家的期待空前高涨。传言首集的剧情已经让观众极度狂热，评分也是立即冲到了榜首。本尼迪克特的内心已经做好了准备，将要在好莱坞成为一个真正的明星。

第九章

# 冲破黑暗

SOUL OF
SHERLOCK
BENEDICT CUMBERBATCH

2012年元旦，有超过800万人收看了在黄金时间播出的《神探夏洛克》第二季。这股潮流不仅盛行于推特，也在连续几天里，占据着各大社交网站。通过观众在一周内的点播和反馈，《神探夏洛克》第二季成为了BBC有史以来最大规模的点播电视剧。开始，人们都猜测第二季结尾会有一个巨大的反转，比如，夏洛克出现一个新的帮手，或者带来一个令人失望的结局。但是还好，这一切并没有发生。

第二季第一集《贝尔戈维亚丑闻》承接上一季最后一集的剧情。夏洛克遇到了美丽的艾琳·艾德勒（劳拉·普沃饰演），我们看到了本尼迪克特对于角色的完美诠释，当然，还有裸体，政治阴谋，虚弱的王权，以及对于夏洛克与华生之间英国式的幽默。

在这一集中，夏洛克展现了更多人性的一面，艾琳和他虽然没有在一起，但是艾琳让他了解了爱，渐渐地，他开始关心别人，圣诞节的时候，夏洛克推理茉莉有一份精美的礼品要送给自己的心上人，当他拿起礼盒看的时候发现写着自己的名字，他没有像往常一样表现得冷淡，反而道歉并亲吻了茉莉的脸颊。他为了保护房东太太，将那个歹徒从二楼窗口扔下去，他和哥哥一边抽烟一边谈及往事，破天荒地祝他圣诞快乐。

劳拉·普沃说，拍摄这一场景就是一场噩梦。“我们很幸运地跟摄影导演合作。拍摄这一场景耗时8小时，在这种情况下，我面对着镜头甚至有一点怀疑自己了。”导演曾给她建议说：“劳拉，如果你信任我，就不要穿戴那些东西，那样一点儿也不自然。我们会减少时间并完成更多的工作，请你相信我。”普沃也对这一细节念念不忘，她兴奋地告诉记者：“我被最终的效果震撼了，我太高兴了。”

尽管这一集在一晚上的时间内吸引了将近900万的观众，但也招来了100来人的抱怨。“就像英国的某报纸一样，只有很少的读者。”普沃回忆道，“在950万的观众中，有很少的人恼怒了。那只是一集的几分钟，有观众惊讶地表达‘哇，《神探夏洛克》中有裸体镜头’，但我认为这只是一种表达手段。”

普沃确定这一角色的时候正在拍摄《军情五处》。“我把剧本收好，并且打算在飞机上读一读。我在飞机上读的时候，我简直想让飞机掉头飞回去。剧本棒极了。于是，我返回洛杉矶之后，把自己读剧本的声音录下来，发给他们并得到了他们肯定的回应。几天后，我飞回伦敦去见制片人，并且跟本尼迪克特一起讨论了剧本。第二天我就接下了这个角色，并且在之后的几天开始排练。我喜欢本尼迪克特和马丁带给这部剧的聪慧、机智和幽默，我觉得他们俩是个整体，我相信他们会持续地成为火爆荧幕二人组。”

到了第二季的第二集——《巴斯克维尔的猎犬》，也是夏洛克·福尔摩斯传奇中最为著名的一篇。这一集的想法是来自莫法特和加蒂斯，他们在原有的情节上做了小小的改动，并在故事中延续着诙谐的风格。

在改编之后，巴斯克维尔不再是神秘的破房子，而变成了机警动物研究中心，躲避一切来自荒野的窥探。“Hound”不再是个野兽，而是一个药品研究项目的缩写。这个药品会让人产生出噩梦般的幻觉。

本季第三集《莱辛巴赫坠落》，根据原著的《最后一案》改编而成。

在这一集中，安德鲁·斯科特饰演大反派吉姆·莫里亚蒂。故事结尾，夏洛克从伦敦的屋顶上纵身一跃，却又出现在了他自己的坟墓旁。这一集播出后，全世界的人们都在猜测这个全世界最火的侦探是怎么活下来的，而且为什么他要向约翰·华生隐藏自己的真实命运。在将近两年的时间里，夏洛克的纵身一跃掀起了一场舆论的风波，到底是巧合还是精心设计好的，观众们对此有着各种各样的解释，总之，大家都在讨论这个贝克街的天才是怎么骗过死神的。

本尼迪克特也很好奇地去寻求答案。“我有自己的想法，并且猜得八九不离十。”在第三季第一集《空灵柩》播出前的几周，他告诉记者，“我在读剧本读到这里的时候，感觉很惊喜，正如我希望观众们能够找出答案一样。在我们给出答案之前，我觉得我跟这个国家的人们一样痴迷且困惑。我就是喜欢为一些瞬间而惊喜。”

在第二季前三集播出的几周里，观众们的热情高涨。很明显，本尼迪克特的生活也在往好的方向转变。在第一集播出之前，一位记者在伦敦北部的一个酒馆里见到了他，那时候的本尼迪克特还没有名气，他只是安静地喝喝咖啡。但是，他还是一贯地热情高涨。“他说话的语速像说唱歌手——这一点简直成了他在荧幕上的标签。其实，本尼迪克特不算传统意义上的帅哥。所以，他也调侃自己很适合演怪物，适合演稀奇古怪的角色。但是，喜欢他的人数不胜数，从推特上的每日更新，到数不胜数的博客和粉丝团。”

本尼迪克特好像天生就有一种能力，让人觉得优秀、聪明、脸上写着“智商 200+”。其实，这些聪明智慧也跟他的勤奋有关。他家里堆满了书，他会深挖每一个角色的内心世界，在剧本的空白处写满笔记。他同母异父的姐姐特蕾西形容本尼迪克特就像夏洛克一样思维敏捷并热爱阅读，“比其他人都聪明多了”。不过大家也别把角色和本尊搞混了。生活中的本尼迪克特擅长运动，他性格开朗，拥有众多朋友。虽然他对福尔摩斯这个绝顶聪明，讲话连珠炮，缺乏人性共鸣的大侦探的诠释让人着迷，本尼迪克特本人却表示“我可是花了好长时间适应了福尔摩斯神经兮兮的个性”。

网络上的疯狂给本尼迪克特带来了新的挑战。感觉流言蜚语一触即发，有朋友劝本尼迪克特应该尽量避免接受采访。他们说在“第 21 个评论中，任何一个负面的词汇就可以摧毁前 20 个正向的评论”。但是，网络上的舆论声势越来越大，本尼迪克特决定关注一下。他读了一些最新的，非常成熟的评论。接着，他满面羞涩。“诡异”的、苦笑不得的表情挂在他的脸上。

回到现实世界中，本尼迪克特疯狂的生活依然继续着。一切都开始于 2012 年 1 月。《神探夏洛克》第二季不出意料地荣登收视率榜首，明星荟萃的《战马》首映礼在欧狄恩莱斯特广场举办，威廉王子和凯特王妃出席了这次首映。这些还不够，更重大的事情正要发生。

就在圣诞节前，本尼迪克特接到了艾布拉姆斯的电话，说有兴趣让他出演《星际迷航：黑暗无界》里的大反派。对于这个角色，本尼迪克特并不是艾布拉姆斯考虑的唯一人选，但是，当本尼迪克特用完全超乎想象的视角来诠释这一角色时，艾布拉姆斯做出了决定，他觉得本尼迪克特完全适合这一角色，事后艾布拉姆斯甚至承认本尼迪克特当时并不是他心目中的第一人选。当艾布拉姆斯看到本尼迪克特充满磁力和技巧的表演后被深深震撼了。

当《星际迷航：暗黑无界》宣布由本尼迪克特出演约翰·哈里森时，着实被人们议论了一番。事实上，这次机会也是本尼迪克特主动申请来的。他怀着平和的心态参加了角色试镜。不过，那一次可不是当着导演的面，而是在朋友家的厨房里。“试镜的时候已经非常临近开拍了，那时候我身边都没有帮我录影的人。最后这一切都是在我朋友家的厨房搞定的，我最好的朋友跟我对台词，他妻子为我掌镜，蹲着趴着……尝试用各种姿势找到相应的角度和光线，而且还要等他们的两个孩子睡觉之后才能进行。第二天在另一个朋友詹姆斯·金的帮助下，我把试镜视频发给了导演。”

詹姆斯·金是本尼迪克特一直以来的好朋友。两人在大学时结下友谊并持续至今，在本尼迪克特的鼓励下，詹姆斯·金也进入演艺圈。两人经常在一起彻夜长谈。“詹姆斯·金是我的好哥们儿，当我还在学校的时候参加一个演员招聘会，我落选了，心情特别失落，其实，这样的事再常见不过了。可我当时心想‘别干这行了，感觉太糟了’。而詹姆斯得知此事后劝导我说，‘并不是每个演员的路都那么顺利。’这句看似平常的话给了我继续前进的动力。这个行业的现实就是 90% 的人找不到工作。一份你适合的工作可能要面临与另外五个和你差不多的人竞争。如此激烈的竞争环境使不少人丧失了信心与自由。我的父母都是演员，他们做得都很不错，但他们当初不希望我做演员，认为会有更好的生活等着我。他们尽可能给我最好的教育，我很感激他们，我却以有点‘忘恩负义’的方式回报了他们——我还是成为了一名演员，这是他们不希望看到的。”

得到约翰·哈里森的角色让康伯巴奇兴奋不已，但也让他倍感紧张。在他看来，能够在这部鸿篇巨制里当个大反派，可不是交上了一般的好运。所以，在剧组他总觉得耳边一直有声音在提醒：“别人也许可以演得恰到好处。你要是不行，那就买一张回英国的返程票，”想到这里，康伯巴奇就觉得脊背发凉。而看到导演艾布拉姆斯和他的团队非常专业，给自己制定造型、布景时都是一丝不苟，康伯巴奇就觉得更是紧张。作为一个很多人都想巴结的大明星，康伯巴奇这样的想法在别人看来也许有些不可思议。但他说，当时他确实是这么想的。“那种感觉就像在学校里当一个学生，特别是开学第一天，我感到非常紧张。”这样的感觉持续了几天之后才慢慢消退。而全剧组给他众星捧月的欢迎和照顾也让他至今难忘，“自己简直感觉我是那里的国王。虽然我是那里唯一的英国人，但他们还是那样热情地待我。”

“在《星际迷航》的第一部中，我们有非常杰出的演员出演这些偶像角色，他们都非常努力，凭借着一股职业精神，完全证明了他们的实力，”艾布拉姆斯继续解释道，“比如本尼迪克特对自己的角色所做出的事情。他把新态度、新个性、新背景和新力量带入了工作之中。”

是的，艾布拉姆斯和本尼迪克特都兴奋得难以言表。布赖恩伯克是《星际迷航》的制片人之一，他对本尼迪克特赞赏有加：“他有着无与伦比的专业技巧和表演宽度，我当时非常欢迎他来试戏。他是很能抓人心的演员。”

本尼迪克特的成功是有原因的，当被问到他长期的野心时，他的回答很简单：他想尽可能地扮演那些不像他自己的角色，比如连环漫画里的坏人，而且如果观众反映那些虚构的人物形象看起来依然很真实，他的野心就会得到满足。所以，扮演科幻系列里面的反派角色是完美的，他与我们能看到的真实的本尼迪克特相去甚远。

“说实话，我并没有完整看过电影《星际迷航》的第一部，并不是对于这类科幻类电影有什么烦感，但就是没有太大兴趣。人们会说‘不，你应该去看它，那是一部伟大的电影’。所有科幻迷就像复活了一样，在第一次见面时我也为他们感到欣喜若狂，这是一部史诗级的电影，第二部的分量远远大于第一部。”本尼迪克特非常能理解这对于忠实粉丝的重要意义，“你不能满足每个人的期待。作为演员，我要履行导演对我的要求。我非常尊重粉丝们的回应。我知道他们对这部影片都有自己的独到理解，很多人都是看着这部影片长大的，但是对我来说，要尝试让所有人开心，是一件愚蠢的事。”

其实他完全不用顾虑这么多，有艾布拉姆斯掌舵，克里斯·派恩饰演柯克舰长以及扎克瑞·昆图饰演史波克，这部电影就已经成功了一大半。新的续集讲述的是一个关于复仇的故事。柯克船长因执行任务时暴露“企业号”行踪，被上级取消了进取号船长的资格。一名叫约翰·哈里森的神秘人在 23 世纪的伦敦制造了一起恐怖爆炸，并袭击了星际联邦总部，整个星球陷入了混乱状态。柯克被重新任命为舰长，他带着大家开始追捕破坏分子，寻找元凶。

在筹备前期，这部电影听起来就前途无量，新闻报道说在拍摄前，导演艾布拉姆斯决定混用 IMAX 和 35 毫米胶卷，然后以 3D 效果呈现。艾布拉姆斯表示:“在片头的尼比鲁星火山丛林、克林贡母星克罗诺斯和最后旧金山追逐的场景都运用了 IMAX。我们决定只要是户外动作场面，都尽量用 IMAX 拍摄，在室内则用 35 毫米胶卷拍摄。”最后，影片用了 1 亿 8000 万美元的制作成本，而赢得了将近 4 亿美元的票房。

唯一让本尼迪克特有些遗憾的就是拍摄的消息来得十分突然，好莱坞文化讲求分秒必争，因此本尼迪克特几乎没有时间进行调整就赶往了洛杉矶机场。当时《神探夏洛克》还在英国广播公司播放着。当他到了那里，也并没有赶往拍摄现场，因为五天之后电影就要正式开机。“我走进一个房间，里面坐着设计人员、编辑、摄影指导以及差不多五个制片人。我感到有点惊恐，当时我一定看起来十分狼狈并且还带着浓浓的黑眼圈。”

但是，当本尼迪克特看到周围人进入工作状态后，他的眼睛立刻亮了起来。这里是他喜爱的好莱坞派拉蒙电影棚，本尼迪克特最喜爱的猫王的很多作品都是在这里完成的。本尼迪克特大呼过瘾。当他到达洛杉矶后，就开始完全遵守剧组工作的要求。他搬进了一座位于威尼斯郊区的房子，准备雇当地的私人教练、营养师和编舞老师。他每天吃将近 4000 卡路里的食物，并且花两个小时在健身房，以及反复练习一些特技动作。“我几乎尝试了里面每一种道具。”就这样，当本尼迪克特第一天登上《星际迷航》的片场时，意味着一个杰出的英国演员已经为创造好莱坞的票房奇迹做好了充分准备。

同样，本尼迪克特说他在拍摄过程中非常开心。“那是一件美妙的感觉，和我年纪相仿的人一起工作，并且分享彼此的经验。我是一个英国人，但是这些美国同行都对我照顾有加并且非常支持我。”和艾布拉姆斯一起工作非常增长经验。本尼迪克特甚至承认艾布拉姆斯才是这部电影真正的灵魂。“导演是很有想象力的人，我被深深地卷入所有的细节中，不仅仅是演技，艾布拉姆斯会用一种很新鲜的方式讲述一个故事。”不仅如此，本尼迪克特继续说，“他要求我做的调整都很棒，我找不到一个更好的词来形容他。我说得都很实在，并没有一把枪指着我的脑袋，让我必须这么说。他是这个行业里不可多得的天才。他非常博学，他简直可以完成任何事情，可以迅速掌握他所需要的一切技能。平心而论，他是我见过的最佩服的电影人。可以说只要他在场，万事无忧。我们就像个大家庭，一起度过了美好的时光，顺利地完成了我们的工作。说实话，我甚至为领着工资拍摄这部影片而自责，因为整个过程就像休假一样轻松。我太爱这份工作了，导演也一样。他还是一个非常出色的导师，无论是演员的表演细节还是需要宏大的宇宙场景，他都表现得游刃有余，他同时还是音乐家、喜剧演员和非常出色的漫画家，他简直无所不能！通过这次合作，我们成了非常亲密的朋友。真心希望能再次与他合作！”

“当然，”本尼迪克特继续说道，“他是一个真诚的好人，也是很有天赋的导演，他的天赋就像让你走在一条康庄大道上，有时候，会感觉好像参与了一个马戏团巡回表演。他会用一切方法带给你灵感，他时常请来魔术师、外科医生或“二战”老兵讲述他们的故事来启发演员。你认真观察他工作会学到很多东西，这真的是太伟大了。如果你去他的公司，会感到更加兴奋和愉悦。他会给你下一部电影的想法，以及跟你商量下次合作的细节。是的，他是个天才，却依然有着 10 岁男孩的热情。那是一种专业的自如，也是一种荒诞的特权。他不仅要做他想看的电影，他相信自己的品位，也能承担相应的责任。”

《星际迷航：暗黑无界》的剧情一直不对外公开，并且拍摄也很低调。每个人都签署了保密协议，尽可能阻止对媒体走漏任何消息。比如，本尼迪克特保密协议的担保人是斯科特·曼科兹。所有工作就这样悄悄地进行着。

在电影公映之后，本尼迪克特承认他不确定进行保密工作是个好主意还是坏主意。“我开始有点犹豫，这个意图是为了给观众一个惊喜。‘真的可以吗？’因为这只能涉及一部分忠实的发烧友，不是所有观众一进电影院就能立刻感受到那种兴奋，媒体上的评论才会决定是否要买电影票。所以，谁知道呢？不过一切都还好，当我坐在几个电影院里看《星际迷航》时，经常能听到‘哇’的惊叹声，和本能的身体反应。我在想这种保密工作是有效果的，导演是正确的。”

本尼迪克特印象最深的一次是在圣费尔南多谷的百威啤酒厂，拍摄《星际迷航》中企业号的引擎间时。“那实在是太吵了！巨大的噪声缠绕在耳畔。你可以想象，就算戴着耳机也能感受到机器的轰鸣声。那并不是什么美好的感觉，不过拍摄出的画面相当地美。真是不可思议，工厂甚至没有因为我们的拍摄而终止工作，简直是自然到完美。”

拍摄开始之后，粉丝们等在派拉蒙摄影棚外“强迫”本尼迪克特给他们亲笔签名。那时本尼迪克特因为出演的福尔摩斯被美国观众熟知，他并不知道好莱坞把他描述为“炽热的宝物”。摄影棚外被本尼迪克特近乎疯狂的影迷围得水泄不通，甚至影响了剧组的正常工作。导演艾布拉姆斯在摄影棚周围搭起了巨大的海报墙来保护整个摄影棚，也可以避免狗仔队的骚扰。

本尼迪克特接受采访时表示：“大家都知道，我扮演的角色是个恐怖分子，有句话说得对，‘你眼中的恐怖分子可能是别人眼中的神圣战士’。我确实留意了扮演恐怖分子所需的特质，我对此做了充分的研究。这是我第一次在剧中表演大量的动作戏。之前我在《战马》中骑过马，在《神探夏洛克》中有一点点打斗戏，但这次需要完成非常宏大的打斗场面。我们有最棒的特技团队，同时我要感谢我的替身演员——马丁，他身上带有与众不同的英雄气概。当然，我从第一天起就需要排练许多动作场面，学习一些更适用于表演的功夫动作，可以说其中一招一式都需要具备观赏性。这对我来说是一种全新的体验。我学习新技能时就会变得非常兴奋。同时，因为需要打斗我坚持去健身，我督促自己每天用两小时待在健身房中。我这个角色带有强烈的使命感，拥有非常理性的头脑。这让他对自己的事业拥有一种非常明确的激情，这也是我一直以来的灵感源泉。他给世界展现了自己独特的一面——导演用‘超级蒸汽机’来形容他，非常强烈地散发出存储多年的热量。然而，我的表演相对温和。”“我从没尝试演过那种特别有气势的反派，我之前演过的角色都是善于操控他人的那种性格——聪明，脑筋动得很快，面对任何问题都从容不迫。当然，其中被提及最多的典型例子就是神探夏洛克。扮演正派人物的感觉很棒，但是本片中我扮演的反派有很复杂的动机，当然他极富争议。他既懂得如何搏斗以及使用武器，同时也善于进行心理战术。他同时也是一个被复杂的政治力量驱使的人物，身为演员，我很荣幸能演绎这个角色，把他呈现在银幕上。这个角色的情感推动力也同样是耐人寻味的。他仍然是人类，有人类的感情，尽管没有接受传统的家庭教育，但他非常关心家人以及他的同伴。”

本尼迪克特在电影里的表现是无可挑剔的，导演艾布拉姆斯对他也赞不绝口：“能找到他来出演真是个意外收获。他的表演强大有力、魄力十足、才华横溢、蛊惑人心，让你相信他就是这个角色的最佳人选。所以你拥有这样一个反派，他穷凶极恶、挑起了这场正邪较量的庞大争端。但诡异的是，你会发现自己似乎与这个角色心灵相通，甚至想要去支持他，这真的非常诡异。所以他虽然是一个反派，但不仅仅只是作恶，他并不是个简单的平面化的角色，他真的赋予了这个角色极大的深度，让其丰满立体、真实可信。”毫无疑问，《星际迷航：暗黑无界》获得了突破性的成功，它得到了 2014 年奥斯卡最佳影片的提名，本尼迪克特也因此获得了最佳男配角的提名。

杂志《帝国》以及《娱乐周刊》都在 2013 年 2 月谈到了本尼迪克特。在英国，这部电影比美国提前一周公映，当时，电影《霍比特人》也在热播中，这也给人们更多的猜测，究竟哪一部电影会成为那个夏天票房最火爆的影片。

当时上映的《霍比特人》第二部中，本尼饰演的巨龙史矛革登场了。当谈及自己在银幕上以“龙”的形态出现时，本尼迪克特不以为意。“在银幕上看到史矛戈我真的很兴奋。通常一个演员作为观众观看自己的作品时都会非常不自在，因为你早就知道剧情了，就很难体会到原来的悬疑性。但史矛革不同，我只是做了声音和动作捕捉，它的形象是导演和许多技术人员后期辛勤努力下塑造出来的。所以当我去电影院观看的时候，我不但没有不自在的感觉，反而是带着很大的乐趣去欣赏，我甚至在心里兴奋地呐喊‘啊，我是一条龙了！’这种感觉就像是回到了小时候，所有童年的幻想都成真了。《霍比特人》第二部我去电影院看了两次，第一次是和我的小侄女一起，第二次是和一个发小——我们从八岁开始就成为朋友了，那时候我们刚上学，一起读了《霍比特人》的故事——他对我说‘真不敢相信我的朋友居然扮演了这条龙’，我回答他说‘是呀，我自己都不敢相信’。所以这就是做动作捕捉表演的好处之一，我在大银幕上看到的自己是全新的。”

本尼迪克特这个来自哈默史密斯的男孩，正处于他人生中最为忙碌的时期。运气极好地做到了从“好人”到“坏人”的转变。现在他不仅是电视剧里最为受欢迎的侦探，也是科幻大片中著名的反派人物。他现在担心的仅仅是星舰迷，这些忠实的粉丝是“进入特权的守卫者”。他们会有怎样的反响？本尼迪克特感觉自己已经可以做到宠辱不惊，但是好莱坞资深的同行们则建议他做好充分的自我保护——比如尽可能地躲避网上的评论。面对这样的建议，他知道如果读完所有的评论会使他特别沮丧。不过如果粉丝们认同他，他也会兴奋得不亦乐乎。

# 第十章

# 重回正轨

SOUL OF
SHERLOCK
BENEDICT CUMBERBATCH

美国的本尼迪克特风潮来临的第一个迹象出现在2012年5月《神探夏洛克》的纽约曼哈顿的首映礼上。当时到场的影评人苏维特回忆道："剧院里只有400个座位，但是却有上万人想要进来，许多人排了12小时的队只为确保有个位置。"气氛好到不可思议。组织者说，当本尼迪克特走到舞台上开始进行问答环节时，人们相当激动，那场面只有贾斯汀·比伯的演唱会可以相提并论。"气氛十分震撼人心，这对本尼迪克特来说也是意想不到的。"

《神探夏洛克》在周日晚上一经播出，收视率就达到了美国公共广播公司黄金时段平均收视率的两倍，荣登美国iTunes电视剧下载榜榜首，并且获得了许多奖项。《华盛顿邮报》登出《夏洛克：他知道他很性感》的文章，该报经常刊登黄金时间电视剧的有关内容。《好莱坞报道》刊登了更为精彩的影评。美国记者说"他们蜂拥采访本尼迪克特，因为他不仅平易近人，而且回答的全是真心话。"洛杉矶知名博主丹妮德勤曾说本尼迪克特在采访中表现出至关重要的两点：理性和激情。"他没有被媒体牵着鼻子走。他不像那些传统的好莱坞演员，为了不冒犯经纪人而不敢发表任何观点。他也不会沉默寡言，他接受过良好的教育，并且有丰富的生活经验。对像我这样的人来说，他就像一阵清风扑面，新鲜而有活力。"

本尼迪克特的毫无防备和乐于受访被媒体所熟知。他自己也承认，在采访时不会刻意去控制自己。许多记者都说道，他的回答模式很清晰："思考，阐述，突转话题，再次陷入思考，进行最后的总结”，基本按着这个顺序不断重复，他做了一个很好的例子。在他的新作《队列之末》上映前的几周，他很明显地批评了《唐顿庄园》，这简直是冒天下之大不韪。那些为了赢得比其他剧更多观众的类似打榜一样的行为，确实是有点过度了。尽管他和《唐顿庄园》的原创朱利安·菲罗斯是好朋友，与其中一些演员关系也不错，但是网上铺天盖地都是他评价这歌剧“太过感性，陈词滥调，乏善可陈”的报道。但是他真的这样说了吗？根据本尼迪克特的好友菲罗斯的回应，答案是否定的。事实被严重夸大了。几乎美国的每一家报纸都有不实报道，但他并没有因此而被激怒。菲罗斯说：“本尼迪克特小的时候，我们就认识了。我太喜欢他了。他已经成为了一名了不起的演员。我一定会观看他的《队列之末》，这部电影演员阵容很强大，并且还拥有一个才华横溢的编剧汤姆·斯托帕德。我十分确定那段话一定是把本尼迪克特说的话断章取义了，这并不是他想要表达的意思。对我们来说唯一的好消息就是，广受欢迎的《唐顿庄园》和本尼迪克特的电视剧《神探夏洛克》能成为非常吸引人的作品，希望《队列之末》也是。”

对他的评论引起的国际轰动，本尼迪克特发誓这是一个天大的误会。当这些事情终于平息之后，他回忆说：“突然我就身陷公共关系危机之中了，也许我本人就是一个危机。因为我讲话太多，而且不假思索，但我真的挺冤枉的。”

有很多人同情本尼迪克特的遭遇——那些小报的错误报道以及从字面上评论《读者文摘》的采访，对此他也没时间去担心太多。他几乎在公众的视线下消失了，因为他忙于拍摄另外两部主要的电影。

其中一部是根据真实事件改编的《为奴十二年》。从 2013 年 9 月的多伦多电影节首次公演到现在，该片一直大受赞赏。该片在美国全国范围内播放。《纽约杂志》著名评论家大卫·登比曾这样描述该片，“无疑，这是有史以来有关美国奴隶制最伟大的电影”。然而，在其他一些评论家看来，这部电影并没有明确揭露奴隶制，甚至有一些所谓的“硬伤”。除了斯皮尔伯格的《勇者无惧》和昆汀·塔伦蒂诺的《被解放的姜戈》之外，亚历克斯哈利的《根》也十分感人。

关于《为奴十二年》，电影改编自1853年所罗门诺萨普写的回忆录，他原本是纽约州北部的一个自由黑人。他靠拉小提琴为生。1841年，他得到去华盛顿一个马戏团演奏的工作，之后被引诱到华盛顿遭到绑架成为了奴隶，开始了超过12年的悲惨生活。

《为奴十二年》这本书生动地描述了诺萨普被压迫的悲惨遭遇，直至1853年被解救。同年，该书出版，销量奇佳。不可思议的是160年之后，它又被拍成了电影。英国导演史蒂文·麦奎因决定从一个崭新的角度——既享受过自由的快乐又遭遇过奴役的不公平的主人公的角度出发去探究美国奴隶史。他知道历史上有一些南方的奴隶是被绑架卖到北部各州的，但是当他看到这本回忆录之后，他才发现历史比他的想象还要残酷。

面对这样一个故事里的主人公，麦奎因解释说：“当然，我想去讲述一个关于奴隶的故事，这只是我心里想到的题材之一。我们习惯于‘我该如何做到’，这种想法萌生于一个自由人，一个坐在影院观影的人，或者只是一个来自普通家庭的人，但主人公因为被绑架而成为奴隶。我觉得这样的角色能带观众一起去经历那恐怖的历史。”同时，麦奎因说这想法来自他的妻子比安卡。是她发现所罗门诺萨普的回忆录，一本曾经震撼整个美国社会而如今却鲜为人知的作品。“我的妻子发现了这本书，当我打开它的时候，我就无法自拔了。这样一个不可思议的真实故事让我十分震惊。它读起来就像《格林童话》一样，就像一个人和他的家庭被扭曲的隧道从正常生活拽入了黑暗中，在最后出现了希望的光芒。”

同时，麦奎因也发现诺萨普是一个很仔细的观察者，他能从本质上思考奴隶制度。2013 年是诺萨普重获自由 160 周年，麦奎因认为他的故事应该在此刻公之于众。“我近期读到的所有东西都比不上这个故事，”麦奎因说，“我不敢相信我已经发现了这本书，这怎么可能？当我提到这本书，大部分美国人都不知道。在我看来，它对美国历史的重要性就好比《安妮日记》对欧洲历史的重要性一样，从非凡的旅程中看到惊人的残暴。每一个人都觉得他们了解这段美国历史，但我肯定这部电影中反映的很多东西会让人们大吃一惊。我十分荣幸能够把这段历史拍成影片，并且呈现给观众。”这个故事定位情感强烈，偶尔出现一些令人不安的画面。同时，它也给了麦奎因一个机会去培养发展他独特的视觉风格。

影片制作的早期阶段，在布拉德 · 皮特和他的“B 制作计划”的帮助下，进展得很顺利。

作为一部黑奴电影，毫无疑问，影片中会出现很多对黑奴施暴的场景，这并不是导演想要制造噱头才拍摄的内容，而是历史本身就是这么残酷。在影片中，这种暴力场景被不加修饰地拍摄了出来。对于此，麦奎因说：“当然，作为一个电影导演，你需要做的就是了解电影里的情绪的拐点。知道它何时会出现，以什么样的形式出现，是不是会让观众有情绪上的反应。在这部电影里，我所设置的这种情绪的极大化的拐点，其实就是用暴力的镜头让人们知道，我们的历史，和我们走过来的路。可能会有人感到不舒服，那是因为你对影片中的黑人有着某种感同身受的理解和感情，如果能做到这样，那么这部电影的目的其实就达到了。我就是希望人们能有这种屈辱和不愉快的体验——因为我们的父辈，曾经真切地经历过这一切。”

处理这么一个黑人题材的电影，并不容易，但是对于本身就是黑人的导演麦奎因来说，拍摄这部电影，更有一些回溯和寻根的意味。

电影上映后，主演埃加福特被评为2014届奥斯卡最佳男主角的最热候选人，但他接受采访时谦虚地表示一开始他不确定自己能否完成这个角色。只有当他被挂在树上，进入情境的时候，他才能记起所罗门自传里那些温和的幽默——只要能在荫凉处，他愿意付出任何代价。埃加福特说：“主人公的经历从这个悲惨时代中的一个复杂故事里游离出来，而到了人类精神层面，我觉得每个人都可以和他相关联。”

在这部影片中，虽然本尼迪克特扮演的角色——诺萨普的第一个主人威廉姆·福特不是主角，但是也是故事里的关键人物。威廉姆·福特是一个钦佩诺萨普智慧的上流社会的男子，但依然是一个奴隶主。本尼迪克特为了融入角色，使用了他一贯的方法——进行大量的相关历史研究作为储备。他解释道：“试着去理解福特的观点是非常有趣的。我发现福特是第一个在路易斯安那州被授予土地的人，许多人都觉得他是一个正直虔诚的好男人。他是一个传教士，他把自己的奴隶都视为上帝之子，他试图让自己成为一个对人们的处境有极大同情心并且关心他人的人。”

然而在福特的第一个场景中，他买下了伊丽莎作为奴隶，就这样残忍地拆散了她们母女俩。“在那一刻你会发现，无论福特怎样传道说教做善事，他骨子里还是支持奴隶制的。”本尼迪克特继续说道，“拆散母女这种行为是要受到谴责的，任何人都没有这种权利，这种行为不可原谅！”在本尼迪克特看来，福特的恶行就像一块沉重的石头，拖着他的灵魂，而诺萨普又背负着“平等”这一尚待解决的问题，这就使得他和诺萨普之间形成了一种复杂而特殊的感情。“我感觉福特遭受着自我意识的折磨，他十分清楚奴隶制和他所坚持的道德相对立。在书中，所罗门原谅了福特。他说福特出生在这样的环境中，因此福特的做法一定可以得到宽恕。然而，当福特负债累累的时候，奴隶交易的丑陋真相重新显现。福特非常心痛，这折磨着他的灵魂，但是最终，他还是遗弃了诺萨普。”

麦奎因说这种自我拷问的性格特点，是本尼迪克特在福特的相关描写中特别敏锐地便领会到了。导演继续解释道：“在福特的心里总是有斗争，他的道德和他生存的欲望之间始终在斗争。一方面，他厌恶自己的生存环境；另一方面，他与之共谋。本尼迪克特就演出了这种双重矛盾性，这种有心无力的感觉。本尼迪克特表现得非常出色，因为他本身就是一个很有魅力又随和的人，这也是福特吸引所罗门的地方。当所罗门回忆他第一年为奴的日子，他用了一个非常有趣的描述——他不是在和一个怪物打交道，而是和一个看起来很正派的人相处。”

本尼迪克特对于这一角色的阐释意犹未尽，甚至在接受采访时陷入了沉思。“作为一位身不由己的‘伪君子’，福特从奴隶市场中买下了所罗门，还曾送给他一把小提琴，后来他转手把所罗门卖给了“黑人终结者”艾普斯先生。在《为奴十二年》中，我扮演了一个带有宗教色彩的角色。他看似是一个慈父般的人物，他试着去资助公益事业，去教育当地人，但是关键时刻，他没能摆脱制度的牢笼，只不过是众多奴隶贩卖者中的一个。他可以说是个好人，也努力成为一个好人，但为了成为一个好人，却做了那么多坏事——通过使用黑奴作为免费劳动力来致富。”

正是因为包括像本尼迪克特这样的演员的共同努力，这部影片一经上映，便让观众为之激动万分，甚至让人心碎。电影在多伦多首映之后参加在洛杉矶的学院奖颁奖典礼，主持人宣布“本尼迪克特因你出演《为奴十二年》而获得英国年度艺人奖”，在他的获奖感言中，他说自己完全不知所措，十分感谢在拍摄过程中帮助过他的人们，他们都很棒。“我的工作不仅是特权，还因为我热爱它，我爱这些和我一起工作并且鼓舞着我的人，这些演员、制片人、导演、作家、化妆师、服装设计师以及方言教练。我真的应该把这个奖给你们以及我的父母。我不可能找到更好的父母了，他们都是演员，所以他们知道这次演出意味着什么。然而在这之前，他们已经给了我一个孩子希望得到的所有爱，慷慨和智慧，那正是这项特权的开始，所以这些荣誉最终都应属于他们，我会把这个奖放在妈妈的壁炉上。”

评论界也是好评如潮。《综艺杂志》甚至将其和经典影片《乱世佳人》做了对比：“影片大气磅礴，主角意志坚定，对照之下，郝思嘉的一举一动，都显得小气而不自然。”《电影频道》评论称：“原版的真实故事就已经令人吃惊了，而这部电影则令人震撼。这是一部生命赞歌式的影片，强健、坚毅、引人入胜，夸张但不过火。”

最后，在 2014 年 3 月第 186 届奥斯卡颁奖典礼上，就像众多专家预测的那样，这部影片获得了最佳影片奖。当《为奴十二年》主创人员上台领奖时，导演史蒂夫・麦奎因激动地说：“这部电影献给所有曾经遭受奴役的人们，献给 2100 万当今仍被奴役的人们。”值得一提的是，本尼迪克特作为该片主要演员也登台领奖，当时导播给了他几个特写镜头，这也让娱乐八卦记者当噱头炒作了好一阵子。

《为奴十二年》并不是唯一一部奥斯卡希望在 2013 年在电影节上看到的本尼迪克特的影片。事实上，本尼迪克特在这一年参演了三部电影。其中一部在多伦多电影节首映当周周末也放映了，那便是《八月：奥色治郡》，是他和梅丽尔·斯特里普、山姆·夏普德、朱莉娅·罗伯茨以及朱丽叶特·刘易斯共同领衔主演的。

《八月：奥色治郡》改编自特雷西·雷特斯的同名话剧，该话剧曾获普利策文学奖，是一个关于生活、死亡和家庭冲突的故事。故事地点设在俄克拉荷马州的奥色治郡，那里是一片荒原，枯黄的景色中，风吹不起草叶。时间定在八月，这是一年中最为闷热的季节，即使习惯在热带生活的鸟，到这里也会不知不觉热死。故事开始主要围绕山姆·夏普德扮演的贝弗利·韦斯顿进行，他是一个酗酒的俄克拉荷马州的诗人。他的妻子维奥莱特（梅丽尔·斯特里普饰演）遭受着癌症和毒瘾的双层折磨。贝弗利为维奥莱特雇用了一个住家护理员不久之后，他就消失了。贝弗利的消失促使家庭成员聚集到一起展开搜寻，最后却得到了他死亡的结果。于是母亲和三个女儿留下来处理这个残局，种种矛盾由此开始，因为这四个女人从没有真正一起生活过。

这部电影，在黑夜掩映下，总显出阴暗的基调，即使其中有一段兄妹弹琴的温暖场景，可到头来，令人震惊的真相，还是粉碎了一切美好的渴望。在剧中，本尼迪克特扮演维奥莱特多愁善感的侄子小查尔斯，小查尔斯一直不受母亲喜爱，导致他成了一个优柔寡断的人，他心底就认定自己是个不成器的人。用本尼迪克特的话说，“我饰演的角色是小查尔斯，艾薇的侄子，也就是凯伦、艾薇、芭芭拉三姐妹的表弟。小查尔斯是个非常平民化的角色，他是个 30 多岁的成年人，常年受其母亲压迫，在家里没有任何地位，他父亲对他很宽容。像很多人一样，他的生活茫然无目标，随着时间的流逝，我觉得他母亲绝望了，她的痛苦来源于这种绝望。同时，她在兄弟姐妹的失败中看到了自己的失败。他是一个很可爱却失去了灵魂的孩子，试图在这个排挤他的世界中找到一席之地。他爱上了和他非常亲近的人，但这只能是一个秘密，也让他内心十分慌乱。因为这个秘密，他的尊严经常被这种狼狈的爱和过度的保护所打击。他是一个具有悲剧色彩的人物，却有着相当美丽的灵魂。我喜欢这一角色，我喜欢这种剧本，所以当我听说他们要开拍，我就来试镜了。我一定要演这个角色！”

所以，当本尼迪克特得到这一角色后，朋友们都十分激动。他也很开心和梅丽尔·斯特里普合作，这是一次难得的机会。他承认很难忘记和梅丽尔一起拍戏。就像很多演员一样，他也十分重视这位奥斯卡影后。当他和她拍摄第一组镜头的时候，他激动得几乎不能动弹。“我都不会演戏了，”他感慨道，“她真的十分优雅迷人，我都有点忘记在拍戏了，和她一起拍戏真的是一件振奋人心的事。我听这里的每个演员都说，和她一起搭档就像一起旅行。她的想象力从未枯竭。一天十小时的工作被她变为一场发现之旅。能在一旁看到她的表演十分幸运，她那种无拘无束的态度让人印象深刻，相比之下，我尚未达到那种状态。作为新人，我并不能像她那样深谙此道。我问她，‘这场戏该怎么演，怎么表达这个过程？’她说：其实我也不知道，都是随机应变，难道你不是吗？我不会随便把我对工作的方式和想法强加于人。我觉得她也一样。这部电影阵容强大，能亲眼看到这么顶尖人物的工作使人受益匪浅。这样的氛围让人如沐春风。我好像置身于大师们的课堂，参与其中并且观察那些美妙的表演。”令人感到十分惊喜的是，本次本尼迪克特还在影片中演唱了一首歌，他用他性感温柔的英国好声音献唱一首《情不自禁》。

尽管一些影评家在多伦多电影节上说这是一部必看影片，但也不是每个人都完全同意。根据蒂姆罗比在《每日电讯报》的报道，这是“一场极其享受的戏剧盛宴，如果不是特别深刻的影片，它就会一闪而过，看起来就好像让人迫不及待看下一个。但是你在这里一定不会感觉饿了。”本尼迪克特对于这样的评论曾在媒体面前表达过无奈的情绪。

忙碌的工作暂时告一段落。本尼迪克特回到家的第一件事就是和朋友聚会，他告诉影评家皮特·豪厄尔，“请记者们让他心情安宁一阵子”。他也试着去好好睡一觉，并且恢复正常的饮食。然后，他前往位于伦敦查令十字路的福叶尔百年书店，又去了汉普斯特德的敦特书店补看他没来得及看的书。嘉里克文学俱乐部的图书馆是他最爱去的地方之一，“我上学的时候爸爸常带我去那里的图书馆。在我的记忆里，它特别大，很壮观，令人印象深刻。现在它看起来很小，但它仍然保留着自身的人文光环。它就像一个安静的绿洲：扔一个石头从查令十字路到它旁边的剧院，又到考文特花园。你静静地坐在那儿，被大量的蒙基恩的海报淹没，或是《理查德三世》或是《奥赛罗》。作为一个演员，习惯于阅读那些全是复印页——粗略订起来的剧本，能读这些印在手感细腻的纸上的如此漂亮的图书，实在是难以置信的奢华。当你手拿一本可能被演员或者剧院经理拿过的书的时候，你会特别兴奋，好像触摸的是这个剧院里过去的神奇世界。”

当然，本尼迪克特也会展示他轻松的一面，接受一些对他琐碎的邀请。他的发言人卡隆说，他没有在影视剧中饰演的角色那么冷漠。“他确实也会邪恶地幽默一下，”她继续说，“康伯巴奇接受采访的时候也很有趣。”他曾经演示过卡隆所说那种幽默到底是什么。2012 年的夏天，他在伦敦男士时装周的走秀场上昂首挺胸，拿着他的道具赤脚走猫步。是的，客人们亲眼看见他到后台拿了三个道具：一杯威士忌，一根雪茄和一个高挑的金发模特。几周之后，他不再这么轻佻，他带着几分严肃，答应了在切尔滕纳姆音乐节上朗诵诗歌。组织者很激动，不仅因为他是一个名人。“他的举止透露出一种真诚的信念，”音乐节嘉宾马克·辛伊斯顿说，“很明显他热爱文学、语言和诗歌，他也受到了相关的教育和启蒙，他很有魅力。”

本尼迪克特在音乐节上表演的诗歌作于“一战”期间。在他的下一部电视剧中，他回到了那个年代。这些事情都进一步证明了他和特定时期内的相关艺术能很好地融合。事实上，他之所以想参加 2012 届的这个节日，是因为他对那个时代的痴迷。这种痴迷不仅源于他参与表演的《战马》和《队列之末》，而且还源于他的学生时代。本尼迪克特说：“那个年代发生的事令我很愤怒。我去过一所学校，那里有一个巨大的战争纪念馆。我清楚地意识到那些在“一战”和“二战”以及所有的战争中牺牲的烈士，都和我们这代年轻人年龄差不多。第一次世界大战总是让我很着迷，我甚至还去见了最后的三个幸存者。在 2009 年拍摄《队列之末》的时候，我还访问了曾经是西方战线的地区。我还一直对这个时期的音乐着迷，比如拉威尔的《圆舞曲》在拍摄《队列之末》的时候又听了很多那时的音乐。通过《战马》《队列之末》以及在学校时期出演的话剧《西线无战事》等剧目的拍摄，我发现这个时期的一切都像隐藏在我的肌肤之中。我在求学时代见过很多战争纪念碑，这些时刻提醒着我前几辈人的牺牲精神。如今，由于第一次世界大战幸存的老兵已经全部逝世了，使得“一战”的精神显得更为特殊。当我见到最后三位在“一战”中幸存的英国老兵时，让我切身体会到那个时代与我之间不可分割的精神纽带。“一战”也是艺术史上的转折点，此时浪漫主义渐渐被遗忘而现实主义正在孕育之中。我们在《队列之末》时融合了这两种手法——它是在战争发生不久后追溯而成，就像乔伊斯的《尤利西斯》，是文学变革的开端。整个故事来源于记忆的一部分，所有的诗意，所有的浪漫，所有的深情都被战火熔化。那些硝烟弥漫的城镇、那些荆棘密布的铁丝网，那些泥浆和毒气带来的疾病在“一战”中相互撕扯。这是霍华德时代的结束，标志着文化变革中的重要转折点。当战争的硝烟被冲刷之后，我们必须重新审视自己：立体主义开始盛行，我们得以欣赏毕加索，品读布拉克以及那些立体主义小说。这些小说创造了新的模式，挑战了常规线性叙事结构以及从中看到的不可思议的转折和跳跃的时间。这就是关于这次战争的影响力，这所有一切都是它赠予我们的精神财富。这种精神被经历过那个时代的人转化为文字被记载，如今我们把它转化为影像来传承。作为一个演员，我能接触到原著是一种恩惠。面对这样的机会，一个演员最好的回应就是把那个时代原原本本呈现出来。每次回顾都会情不自禁地去更爱它。总之，通读原著，能让我更了解那个时代的蓝图，以及角色的性格，其中不乏大量的心理描写，这些意识流的文字让我在阐释角色时更加细腻。”

当开始宣传《队列之末》的时候，《名单》杂志的一位记者不禁注意到了本尼迪克特扮演的又是一个备受折磨、高智商的贵族。“啊！不过这次是个胖子。”其中一个演员开玩笑地说道，并且还透露了他为了这个角色如何增肥。

早在本尼迪克特出演神探夏洛克走红之前，剧作家汤姆斯·斯托帕德就一直希望他能够出演《队列之末》里的主角克里斯托弗，他是一个政府的统计员，却不幸娶了一个不忠的妻子，后来爱上了一个英勇的女权主义者。本尼迪克特开玩笑说他同意饰演这个角色，是因为斯托帕德请了他一块饼干和一杯茶。

虽然他预料到了会有一些针对本片思想性的负面报道，但是本尼迪克特清楚地意识到这里面存在着巨大的真实性。他本来不想再演一个有钱人，也不想再出演历史剧。但是，当他读完剧本后发现这个“有钱人”和其他有钱人不一样。更重要的是，这个剧本耐人寻味。最终，本尼迪克特欣然接受了这个角色，并且在拍摄开始后参与了制片工作。先是在英国，而后到比利时。这件事同时也带有一点家庭的味道，拍摄的时候，本尼迪克特的父亲蒂姆西参演了。在约克郡拍摄时他们在风中野餐庆祝蒂姆西 72 岁生日，父子俩度过了特别的时刻。

这个迷你剧是三家公司共同的作品，到了 2012 年秋天，大约拍摄完成之后一年，当这部电视剧在英国开播的时候，媒体经常强调英国广播公司和美国家庭电影院的关系。在电视剧选演员的时候，汤姆·斯托帕德必须让美国家庭电影院的高管相信本尼迪克特是主演的最佳人选。斯托帕德参观了本尼迪克特拍摄斯皮尔伯格的《战马》的场地。虽然当时斯托帕德还没有对本尼迪克特明说，但他内心知道自己已经找到了他笔下的“克里斯托弗”。当二人见面时，本尼迪克特“讨巧”地穿着第一次世界大战军官的制服。

有趣的是，本尼迪克特仍然还可以回忆起那天斯托帕德突然到访《战马》拍摄现场的情景。“当时我们正在战争场景的拍摄中，雨下得非常大，然后汤姆就一直在对我说，‘今年将是你不平凡的一年，本尼迪克特，非常不平凡的一年。’然后他就咬着他私刻牌的衣服看着地面，非常奇怪。后来我发现，他激动得不能直视我，因为我当时在“一战”中击败了敌人，虽然那时我很瘦，还留着胡子，并且那段戏也很短。他多年来一直想着让我扮演他作品中的角色。当这件事第一次向投资人和盘托出的时候，他就提到了我，当时美国那边都在想‘本尼迪克特是谁啊？’”

导演苏珊娜·怀特回忆说：“在伦敦常春藤吃早饭的时候，美国家庭电影院公司的负责人问‘本尼迪克特·康伯巴奇是何许人也？’我们回答说‘请您相信，他是一个真正伟大的演员，当《队列之末》上映之后，他会家喻户晓的。’”简直一语成谶。2013年，当这个影片在美国上映之后，本尼迪克特的面孔更加被人熟知。

那些剩下的问题很快就解决了，然后斯托帕德和苏珊娜·怀特一起正式地向本尼迪克特发出了角色邀请。而与此同时，英国广播公司全力播出《神探夏洛克》，本尼迪克特成为了大西洋沿岸炙手可热的明星。美国家庭电影院公司对夏洛克在《队列之末》中的表演也从质疑变成了欣赏。本尼迪克特笑着说：“这真是一件疯狂而不可思议的事。名声这个东西很奇怪的，你需要和它保持距离。人们能看到你的价值但你看不到自己的，所以当我知晓被夸奖是性感男星和其他那些与演员本身毫无关系的消息时，我觉得这些都十分可笑。我的意思是，你看，我现在36岁，我一直对这些类似的评价保持警惕。”

特别有趣的是，一个演员选择的各种国际角色都会与他在英国出演的角色清晰地区别开来。这部制作精良、表现细腻的影片，表明本尼迪克特可以在这种面向全球观众的影视作品中胜任主角。当美国家庭电影院宣布《队列之末》的播出日期定在2013年2月26日至28日时，有批评家质疑该公司是否知道如何制作迷你剧。比如《权力的游戏》以及类似的剧，有线电视网络的宣传显然比通常的媒体曝光度更为低调。美国家庭电影院在周二和周三的晚上分别播出两集《队列之末》，然后在周四晚上用一个小时播出最后一集大结局。有些人提出疑问，为什么要把迷你剧在一周中分开播，而不是把它集中到周末播放呢！美国《综艺》杂志的一个评论员说，本尼迪克特的角色“感情很纠结，种种不如意的处境和事情让这个呆板的用嘴说的爱情发展得很拖拉”，这种观点也被很多美国评论家所赞同。这些美国评论家相对英国评论家来说，貌似不太喜欢本尼迪克特的表演风格。而在英国，他因此剧被提名为2013年2月上旬的广播新闻协会奖，并且获得了最佳男演员奖。

《队列之末》改编自福特·马多克斯的同名小说，该剧围绕本尼扮演的克里斯托弗与丽贝卡·豪尔扮演的西尔维娅的婚姻生活展开。克里斯托弗是个信仰骑士时代的传统道德的贵族绅士，正直老实，洁身自好。可命运对克里斯托弗开了一个天大的玩笑：适合做情人的做了妻子，适合做妻子的却只能做情人。

本尼迪克特这次饰演的克里斯托弗·提金斯被称为“大英帝国最后一个正人君子”——他确实是为了荣誉而活的。他的“荣誉”，是英国骑士时代的传统道德，不仅仅是颜面，还是对于每个人的境遇有足够尊重与同情，是宁可自己被误解、被污损，也要对对方负责，一人承担下来的气度。

在剧中本尼迪克特表现出相当出色的水准。作为演员，他有着理性的方式，角色成长得极富逻辑，表演不疏漏细节，他那丰富的、时而带有舞蹈性质的身体语言也是特别可贵的，本尼迪克特还十分能发挥台词的能量。他英化的腔调拿捏得很好，让人或澎湃或感伤。在同辈演员中，本尼迪克特的台词功夫可能不是最优秀的，但在发挥语言的效力上，得天独厚的嗓音和深植感情的能力还是让他出类拔萃，《队列之末》里他的话音出现变化，比以往角色慢了一点，他本人说话时送气不明显，这部剧里也有改变。仅在表演专业领域来说，本尼迪克特几乎无可指摘。

本尼迪克特自己对这部戏非常看好，克里斯托弗是他最喜欢的角色之一。当本尼迪克特去日本为《星际迷航》做宣传时，有记者问他在所饰演的角色中哪个对他影响最大时，本尼迪克特说："我确实会被自己所扮演的角色所影响——尤其是克里斯托弗·提金斯。这是《队列之末》中的角色，不得不说，我被他感染至深，因为他是那样的一个好人，从头到尾都展现出善良的一面，他有一个至纯的灵魂。"

也有不少人觉得这部戏是本尼迪克特一个奇怪的选择。他饰演的角色很温柔，但是因为妻子不忠而痛苦。在这样的基调下，故事情节过于纠结。在首映之前，报纸上全是他的海报和相关报道，更关注本尼迪克特在剧中的表现。而其中专业的影评人伊根弗格森在《观察》中写道："让我们暂且不谈那个人的声名，在《队列之末》这是一个多么有血有肉的演员啊！"

不只是弗格森这么说，有关本尼迪克特的好评很快铺天盖地地涌现出来。每个人都渴望本尼迪克特能回到电影荧幕上，并且大部分评论家都说他的演技"令人赞叹、激动人心、引人注目并且让人神魂颠倒"。早期的宣传工作确实做得不错，当这部剧播出第一集时，收视率达到了 BBC 七年内最高。但是在那之后，评级下跌得也很惊人。虽然依靠本尼迪克特的忠实粉丝，该剧的平均收视率还过得去，但是它还是在大部分观众的抱怨之声中草草收尾。《队列之末》并没有把他的职业生涯带到一个令人激动的新高度，不过这些都没关系，如果要说对他有什么改变的话，那就是这相对的低谷期让本尼迪克特可以暂时脱离小报的视线喘口气。

其实，为了《队列之末》的拍摄，本尼迪克特放弃了许多机会。他告诉身边的朋友，他没有办法拒绝《队列之末》，因为这个角色对他来说是个如此巨大的挑战。他几乎出现在每一个场景中，并且需要满足 10 年的年龄跨度。在拍这部系列剧之前，他几乎就要确认会出现在乔·怀特的《安娜·卡列尼娜》中，这部由凯拉·奈特莉和裘德·洛主演的电影也是由汤姆·斯托帕德改编的剧本。不过他必须在《队列之末》和《安娜·卡列尼娜》之间做出选择。最终，他还是选择了前者。

2013年，《星际迷航》《八月：奥色治郡》《为奴十二年》《霍比特人》相继上映，在这之前，本尼迪克特看起来好像拥有了一切一样。但是在幕后，却上演了一个非常不同的故事。他感觉自己的野心还远远没得到满足，有时候甚至觉得内心很空虚。他希望看到一个项目从开始到完成的全过程。“你不能只作为一个演员而活着。”他也渴望能建立一个自己的家。“从我12岁起，我特别想要一个小孩儿，但我不能随便找人为我生孩子，必须是合适的人。”但他并没有太多的时间去找到那个人。“哦，好吧，总会有别的办法，我不是说从网上找啊。”他笑着说，“我的意思只是说，总会有机会去偶遇到。但是，有意义的社交对我来说太难了。同样，在我20岁到30岁之间，也谈过一场很长的恋爱。所以说，我知道寻找正确的人的意义所在。”

在这之前，本尼迪克特依旧是单身。但小道消息传也许不是。他和安娜·琼斯谈过四个月的恋爱，没有人知道他们之间的罗曼蒂克史。直到2012年1月，他们就不再见面了，也没有太多关于最后他们结果的报道。他们分手后几个月，他很快就被传和模特莉迪亚·赫斯特约会，她是报业继承人帕迪·赫斯特的女儿。虽然本尼迪克特身边的人说他们只是普通朋友关系，但并没有平息流言蜚语。没有官方的消息来证实或者否认他们之间的关系。在与赫斯特相处了六个月之后，本尼迪克特又被拍到和丽芙·泰勒一起看电影并参加聚会，而泰勒的经纪人并未就此事做出任何解释。本尼迪克特·康伯巴奇与丽芙·泰勒相识是因为合作拍摄了独立电影《凤凰》。被爆恋爱关系之后，两人一直低调行事。丽芙·泰勒因在《指环王》中饰演精灵公主而名誉全球。事实上，丽芙·泰勒从 14 岁开始就在波特兰和纽约开始了模特生涯。丽芙·泰勒有着如漆般的光泽发丝，牛奶似的肤色和水果一样的嘴唇，蓝宝石般的眼睛被黑色的睫毛所烘托。她的纯真犹如满溢的玫瑰花香。从《偷香》《世界末日》《仲夏夜春梦》《指环王》一路演下来，又代言了 VISA。她与本尼迪克特的绯闻让众媒体期待不已，然而两人的关系并没有持续太久。

同样的事再次发生，本尼迪克特又被拍到和女演员夏洛特·阿斯普雷手拉手出入伦敦太阳马戏团夜总会。据传两人只是一起参加一个为本尼迪克特补办的 37 岁生日宴会，这个宴会是一群舞蹈演员举办的。当时在场的还有史蒂芬·弗利和时装设计师马修·威廉姆。

类似报道并没有停止，他和俄罗斯模特凯蒂·伊丽莎罗娃在一起的谣言和似是而非的照片也不胫而走，自从他们被拍到在伊比沙岛的酒店泳池旁一起晒太阳，凯蒂的名字就一度在头条中出现。凯蒂自己声称，她当时在向本尼迪克特求教强化自己的演技，因为她在准备参演话剧《中暑》。“我没有演话剧的经验，虽然我拍过广告。”她告诉《老比斯林盖斯》的一位记者说：“他帮我定位角色，因为我是一个正宗的俄罗斯人，对角色的性格有着自己的理解，我拿到剧本就开始排练了。他帮了我很多，但他很严格。他问我我的角色是什么服饰，甚至问我的角色怎么打扮她的女儿。我说，‘裙子’。他说，‘不够详细，什么样的裙子？’所以我继续阐述说，‘我这个角色是尽量不去关注女儿的，她正在计划一件事情。’但他说，‘尽管如此，你应该知道你的角色会怎么打扮她的女儿。’”凯蒂笑称他们那天很浪漫。“我知道这些照片看起来很亲密，但是我们很无辜。”

把本尼迪克特和不同的女星联系在一起简直成了英国娱乐报道的惯性。比如，在《神探夏洛克》中，谣传他和女主劳拉·普沃的绯闻，或者八卦他和《星际迷航》女主爱丽丝·埃文的关系。

事实上，在本尼迪克特飞往世界各地宣传《星际迷航》前，他更喜欢与朋友以及他们的孩子们待在一起，虽然这总是让他想起他生活里的空缺。他很诚实地承认，“那时候我正在试图构建一个家庭，如果家里有爱和小孩儿就更好了。”但是他也承认他没有在正确的场合去寻找灵魂伴侣。他说，他最遗憾的就是32岁没能当上父亲，自那以后，他就强迫自己去看每一天的日历。2013的夏天，他已经37岁了，时间飞快。“我知道当你成为一个父亲的时候你需要有惊人的耐心和精力，但是我真的想当一个合格的父亲。”他略带伤感地说。所以，他给自己重新设定了期限，他想在40岁的时候成为一个父亲。

记者说，这是令人惊讶的，关于父母的话题竟然一次又一次地出现在他的采访中。许多女性发现他在回答这样的问题时都表现得特别诚实。甚至当被问到他认为自己最大的成就是什么，他的答案既不是《神探夏洛克》，也不是其他影视作品，而是他“渴望有一个孩子”。当他12岁的时候，他就承认他想成为一个爸爸，而当时他的朋友都惊呆了，这么小的年龄就会有这种成人的想法。随着他年龄的增长，这种欲望也越来越强。当然，每个人都想知道为什么孩子对他这么重要。是因为他是家里唯一的孩子吗？还是因为他很小就去了寄宿学校？本尼迪克特自己也不知道。

但问题的关键是他该去哪里遇见他的理想女性。他会在哪里遇见他孩子的妈妈呢？本尼迪克特的朋友和家人都注意去观察发现任何一个有可能的候选人，但这个人一直空缺。相比于刻意的相亲，他更愿意去朋友的书摊或者独自前往剧院。

2012年年底，本尼迪克特准备在投入新的工作前给大家一些惊喜。虽然有预测说，他将重新回到好莱坞明星阵容中，但是，本尼迪克特再一次做出了一件令人出乎意料的事情。他并没有带着新的影片华丽转身，而是又一次回到他最心爱的广播剧的世界中去。

对本尼迪克特来说，广播剧最大的吸引点是他可以自由地进出电台而不被人注意。毕竟，当你漫步在伦敦市中心的人行道上或者走进BBC广播大楼时，谁会关注一个30多岁长着络腮胡的高个子男人？不仅如此，他还有谈论广播的乐趣。他喜欢用他的声音去唤起整个世界，他特别珍惜演员和工作人员之间的友情。大多时候，他会穿着牛仔裤、黑色绒面鞋、开领衬衫和西装外套出现在五楼的广播室。他发誓说，广播室是远离外面这个“疯狂世界”最完美的避难处。

那个秋天，本尼迪克特在电台的第一个任务是去录制迈克尔·弗布莱恩的《哥本哈根》。它讲述了一个战乱的故事，本尼迪克特的角色是故事中的物理学家华纳·海森堡，他是一个天才，在某些方面有点像史蒂芬·霍金。这个剧本很长，写得很详细，需要翻很多页，本尼迪克特十分担心话筒会收录到沙沙沙翻页的声音。但在处理了剧本中的几个难点之后，录制过程相对容易了很多。本尼迪克特接下来的几个剧本录制都是如法炮制。他相继又录制了喜剧《座舱压力》和耗时很长的《法庭上的鲁伯尔贝里》。对于相对枯燥的播音录制工作，本尼迪克特从未想过半途而废，就他而言，这不是一个选择。他最想做的事就是不让任何人失望。

然而，本尼迪克特行事如此低调，还是遭到了一些人的质疑：这个演员工作那么努力勤奋，为什么当他拍完《霍比特人》之后，他就回到了广播剧中而不敢露面了呢？那个时候，《星际迷航》的官方预告正想尽办法打进影院，《神探夏洛克》第三季的拍摄计划刚刚制订完毕，本尼迪克特却正在签订其他“无关紧要”的项目。

本尼迪克特清楚地意识到，有些人认为他是靠父母的光环成长的孩子。“由于在像哈罗公学这样的学校上学，而且出身于一个戏剧家庭，我会听到人们说我很容易就能拥有很多。总有批评家说我一出生嘴里就含着金勺子，经纪人的电话就已经放在床头。”

据说那些更有毅力的工薪阶层的演员抱怨那些明星演员总在休息，说他们没有生活在充满竞争的年代，不需要白天试镜，晚上擦桌子，对任何试镜机会都激动不已。他们也会说，像本尼迪克特这样的人是依靠父母的关系才得到很多工作的，而不是依靠自己的才华。但是话又说回来，他也试镜失败过，也曾被其他演员取代过。很显然，这样的诽谤都出自没有根据的想象。为了成功，他付出了比别人更大的努力。

但如果你问该如何回应这些说法，并没有黄金法则或标准答案。本尼迪克特陷入这样舆论的旋涡中，他采取了一种明智的做法，就是去工作，一如既往地工作。

“奇怪的是，当我们这个行业不太景气的时候，我的事业反而蒸蒸日上。当你开始工作拍戏的时候，却看到了你在戏剧学院的同学无所事事，你会有一种本能的内疚感，这不公平，我确实有这种感觉。可真正让我感觉沮丧的是，像我这个年龄的人，或者更年轻的一代人，他们都受过良好的教育，性格很鲜明，也都找到了满意的工作，但他们都太悠闲了，没有事业目标。这简直是灵魂上的摧残，所以当你做得很好反而会有一种奇怪的内疚感。有趣的是，就在最近，我发现自己有资格说，‘我的银行账户里有些钱了。’我挺享受这个感觉。即便在最早的时候，我都会因演戏挣钱而无比激动。”

他拒绝被视为“昙花一现”或者一夜成名，他也很清楚地知道那些在戏剧学院的年轻人也在努力着。在演艺界，时机和运气太重要了。他也十分了解其他人面临的问题。这也是为什么他一直担任王子信托基金的大使，该基金旨在帮助弱势青年和刑满释放青年就业，以及支持无人资助的企业家创业。这也是为什么他出席像 2013 年威尔士科学节这样的场合，他想去鼓励年轻人做自己认为有意义的事情，无论是表演还是其他事业。

本尼迪克特的下一个计划对他来说是一个勇敢大胆的举动。多年来，他已经获得了足够多的戏剧奖和电视奖，足以摆满好几个壁炉，但仍有一个重要的奖项他从未获得。自从多伦多国际电影节之后，就有人谈论他准备好赢得 2014 年的奥斯卡奖。尽管本尼迪克特有很多优秀的作品可以让他成为奥斯卡最喜欢的演员之一，但同时期优秀的演员实在太多了。到 2013 年年底，尤其是在拍了一部电影之后，他比其他人更有可能获得这个难能可贵的奖项。

第十一章

# 出卖世界的男人

SOUL OF
SHERLOCK
BENEDICT CUMBERBATCH

很多影迷从未期望《第五阶层》能成为一个大片儿，但也没想到它在 2013 年票房惨败。当然，不是所有的电影都会成为大片儿，但在 2013 年 10 月，当朱利安·阿桑奇背后的工作人员得知这个消息后确实吓坏了。据财经杂志《福布斯》显示，《第五阶层》在全球票房挣了 600 万美元，尽管拍摄资金相对拮据，也耗费了 2800 万美元。在美国的首映周周末，该影片在全国 1769 家影院只有 1700 万美元的票房，居然是 2013 年上映电影中票房最低的影片。无论作为主演的本尼迪克特，还是该影片的题材紧扣焦点话题，都没能拯救它惨淡的票房。

本尼迪克特对此并没有特别惊讶，“尽管它不可能成为热销影片，但是我还是十分感谢这部影片，让我能够出演这种角色。不管它票房如何，由我来出演阿桑奇得到了很大的支持。这是我第一次演这种类型的男主，并且引起很大的关注。”和它并驾齐驱的还有《社交网络》，他说，“每个人都用 Facebook，但不是每个人都熟悉‘维基解密’。”

当然，他说得很对。观众不会仅仅因为个人喜好就去看关于阿桑奇的电影或者看有争议的维基解密网站。第一个周末的时候，导演比尔·康登意识到他身处麻烦中了，“我们都十分激动，因为电影最近一直在被报道。但与此相反，可能只是表面的热闹，而关于这部电影的宣传真的有很多问题。这些问题不应该被草草处理。当事情没有按你的期望发生时，真的很令人沮丧。如果是一个小的细节被你所忽略了，你可以亡羊补牢。但是如果是一个很大的失误，并且造成不可挽回的后果，那就真的太糟糕了。这件事也会令你今后站在更大的格局看待问题。”

这些都发生在几年前，当时本尼迪克特开始和梦工厂电影公司谈论这部电影中维基的早期细节和它的创始人阿桑奇。11 月，本尼迪克特签约出演该角色。12 月底，所有演员都到位。电影初步定名为《出卖世界的男人》，后来制作了几周之后，将名字改为《第五阶层》。虽然很多演员拒绝出演这样有争议的影片，但对于本尼迪克特来说，这是他梦寐以求的机会。

在接受媒体采访时，本尼迪克特承认饰演阿桑奇对自己来说是一种全新的挑战。“《第五阶层》的故事令人着迷，它是现代历史上的一段重要时期，中心角色朱利安·阿桑奇是位传奇人物。扮演他在很多层面上都是一种挑战，不仅仅是因为他是一个公众人物，是维基解密的创始人之一。当 2010 年这个新故事横空出世的时候，令我十分震撼。它将阿富汗和伊拉克战争从报纸中的末版拉到了头版。它在这个封闭的世界安装了一扇窗，让我们能看到事实真相。当时我对这位先驱不甚了解，同时他既是公众人物又有种神秘的个性，我想这对我是最大的挑战了。为了要在形体上和声音上真实地表达他的内心情感，我在网上找了很多他的视频片段。我曾经邀请他在厄瓜多尔驻伦敦大使馆见上一面，当时他正在那里寻求政治庇护，直到我们开拍前一天他给我发了一封邮件。这是一份语气非常坚定，同时措辞彬彬有礼的邮件，上面说‘我无法与你见面，同时我也不赞同这个项目，我已经在媒体上发表过公开声明。’尽管阿桑奇本人对此非常排斥，我还是扮演了这个角色。这是个小成本制作的电影，我无比小心地承担起作为一个演员的责任——扮演仍然在世又饱受争议的公众人物需要极大的勇气和谨慎。这部电影对维基解密背后的理念进行阐述，同时也对阿桑奇在一些场合的演讲进行了积极肯定。这个世界上确实有很多信息需要被获悉。当这一切尘埃落定时，我认为把他定位成一个高尚的先驱者或者是一个无耻的告密者这种非黑即白的评价都显得太过简单了。我不是要固化人物的形象，我的目的是想抛砖引玉，综合各种观点和视角，使人们能够融入影片里面，从而意识到这是个正在发生的事件。观众走出电影院，然后翻开报纸，就会明白这是个没有结尾的影片，就好像电影还在你的生活中继续。与我扮演的角色或者整个电影相比，他在真实世界引起了更为宏大的影响，这种‘现在进行时’十分振奋人心。”

有趣的是，本尼迪克特花费了大量时间观察阿桑奇在网上的跳舞视频片段。“我希望通过我的观察，尽最大努力完整地呈现他。电影就是要挖掘表象背后的一切。那段舞蹈是极少表现出阿桑奇内心世界的片段。其他场合他都在表述观点：要么进行辩护，要么……这些全都是刻意的展示，都是他作为发言人的表现，但很难体现他的内心。尽管关于他的书很多，他仍然是一个非常神秘的人物，他本身就蕴藏着巨大的信息量等待被发掘。”

随着电影投产，阿桑奇和他的维基解密组织成为了“如何将社会的开放性和安全性划清界限”话题的争论焦点。2010 年，维基解密让普通公民看到有关政府和企业的一些难以接受的真相，这是争取了相对的国家安全呢？还是盲目极端地使人民身处更大的危险之中呢？

这些都是《第五阶层》中的核心问题，尽管制片人就这些问题不愿意给出最终答案，这却是第一部探讨解密事件的具有特色的电影。相反，比尔·康登把维基解密突发事件变成了一个引人入胜的政治惊悚片，一场友谊与背叛的戏剧，并且引发人们去思考信息不安全这一令人困扰的世界 。

随着新报道的不断披露，自然出现了一些社会争议。“这是一个即使只有两个人也不可能达成一致看法的话题，”康登指出，“所以，请保持尊重。我们想制作一部没有最终结论的电影。对于部分维基解密的历史所提出的问题，我们没试图摆明某种确定的立场。相反地，我们想研究一下关于维基解密这些不可思议的事情是如何做到以及为什么要这么做。我们选择了去呈现各种观点，提出很多问题，然后留给观众自己来总结答案。”

当然，整个事件必须压缩到 90 分钟来放映。尽管制片人发挥了自己最大的想象力去推测有关阿桑奇的不可思议的行为。但是那足以说服观众去当地影院观看吗？每个参与电影制作的人心里都没底。

“这部电影不是纪录片，也没有想着拍成一部纪录片。”康登说，“我们想做一些与众不同的事情，探索关于维基解密在世界范围内引发的更大话题，同时也考虑到观众对主角的情感变化以及我们的表现时间。

这一直是一项挑战——去挑选一个演员，他能扮演既被崇拜又被鄙视的角色。康登知道他需要一个自身有想象力，混身又散发着神秘感的演员。当他开始搜寻时，大家一致认为，本尼迪克特是最好的人选，他综合拥有阿桑奇那专一、冷静和复杂的性格。当然，他演过很多令人印象深刻的角色，这让他在许多演员中脱颖而出。

就康登而言，“本尼迪克特是一个我们想了解他更多信息的演员。在《神探夏洛克》中，他那令人难以置信的理性和智慧都深深吸引着我们。另外，他那种超凡脱俗的魅力使他与阿桑奇这个角色如此契合。”

本尼迪克特也没有犹豫，他立即被故事材料吸引了。他说：“这个故事发生在特殊的时期，我们正处在一个媒体多元化的历史阶段，但它也是一个充满了友情的故事。”他当然知道阿桑奇是一个有争议的人物，但他也很喜欢这个人的很多方面，特别是喜欢他当别人保持沉默的时候，把自己的理想表达出来并且去付诸行动。

“就像维基解密一样，是一件事物启发了新的想法，是意外的事情让阿桑奇显出了他的才能和毅力。”本尼迪克特说，“我对此感到十分钦佩。他想最大限度地把所有信息进行整合，而他这个想法将会成为推动我们历史前进的动力之一。”同时，本尼迪克特也知道他所面临的是一项艰巨的任务。他敏锐地意识到他将演绎一个敏感的易怒的男人，一个在几乎每一个作家笔下都显得有些粗鲁的男人。“短暂的兴奋后，我陷入了恐慌，我究竟该如何做？有太多的东西需要学习：声音、肢体、神态……我做了很多探索。阅读相关的书籍是令人兴奋的，但同时我也意识到阿桑奇本人鄙视那些写书的人，所以我又去研究其他的材料，比如他之前的采访。然后我经历了控制我的角色的过程。”

他看有关阿桑奇的事迹越多，就越能找到共鸣。本尼迪克特观察发现，“我总是能够被他说的话和他的计划所吸引。他总是能完全掌控他的采访，拒绝只参加歌颂他的电视节目。他充满激情并且为人正直，所以他可以坚持自己的道德底线。当然，”他补充说，“坚定不移是他表现出来的一个重要品质，这种品质可能被认为是对真相的大胆的承诺或对强权的固执的漠视。肢体语言上必须要做到完全一致，我不能找任何借口说做不到。我不想让他成为一个扁平化的人物，我也积极去探索阿桑奇内心不为人知的一面，为的是更好地塑造一个全面真实的人物角色。”

本尼迪克特的敬业精神让大家印象深刻。“他发现阿桑奇是一个内心很安稳的人，他还给这个角色添加了一些自己的理解。”制作人迈克尔·休格赞扬道。和本尼迪克特的表演幅度同样关键的是阿桑奇与丹尼尔的友情，他们之间令人兴奋的的伙伴关系因各自坚持的理想而走向了另外一个极端——变成了敌人。“我有一个不切实际的猜想，就是丹尼尔爱上了阿桑奇和他的思想，”本尼迪克特笑着说，“在创立维基解密至关紧要的时刻，他们变得非常亲近，他们一同进行了一场非凡的冒险。”

虽然本尼迪克特化上装，戴上白色假发套之后已经非常接近阿桑奇的样子了，但是他仍然做了大量关于声音的工作，去模仿阿桑奇讲话的方式。在整个复杂的过程中，本尼迪克特感受到康登坚定的支持。“你觉得比尔（康登）的重点是迎合你的角色。他不仅要拍好自己的镜头，还要跟着你的节拍。在这个故事中，他也真的去关注精神层面的东西。他也很关心故事中的人物，所以当他工作并且去创造一些激动人心和引人入胜的东西时，了解他的人都认为这和保持故事情节的完整性同样重要。”

对此，康登说：“在许多别人不赞同的方面，本尼迪克特却恰恰有兴趣。本尼迪克特明白，他的工作是变身成朱利安并且代表他的观点。他太沉迷于阿桑奇这个角色，所以他为这个角色加了一些美好的东西。他在找寻一种方法既能体现阿桑奇自身特质又能展望这个角色的无限可能性，能够使他不再挣扎于事情的真相，也许没有人能做到他在屏幕上的表演。”就像康登一样，本尼迪克特最终看到的《第五阶层》是作为一个引领了一个刚刚开启的新时代。“维基解密和阿桑奇是一部未完成的戏剧，”他说，“作为一个故事的讲述者，目前你只能讲出一个版本，但是希望这一版本将激励人们继续深入探究下去。其实，没有什么东西是客观真实的，除了你个人信奉的真理。”

一月中旬，本尼迪克特开始在冰岛拍摄《第五阶层》。按照原计划，本尼迪克特实际上该回《神探夏洛克》剧组了，因为第三季的拍摄马上就要开始。然而，因为阿桑奇的这一项目进行得很顺利，已经从最初的讨论进行到了铸造电影阶段，所以《神探夏洛克》的制作人和英国广播公司决定改变原来的计划，以适应本尼迪克特的进度，最终推迟了《神探夏洛克》的拍摄。

和《星际迷航》一样，剧组非常小心地保护其拍摄地点不对外披露。官方唯一发布的信息是拍摄正在国外进行，离本尼迪克特的伦敦基地很远。但这并未阻止粉丝们在推特和其他社交媒体网站上传本尼迪克特在冰岛的照片。当拍摄地点搬到了德国之后，触发了粉丝的进一步讨论，这再次说明粉丝有多关注本尼迪克特的行踪。

梦想工作室推迟了两个计划同时拍摄的电影，并且决定在《第五阶层》开拍几天后就公布一张海报。在海报中，本尼迪克特留着银色的长发，淡淡的眉毛和一张冷酷的面庞，有些粉丝调侃说假牙是造成冷酷印象的主要原因。海报发布后几小时内就出现在了新闻、娱乐和粉丝网站，引起很多议论。甚至哥伦比亚广播公司新闻网和美国有线电视新闻网也转发了此海报，而这两大公司之前在美国从未有过本尼迪克特的新闻报道。他们在自己网站上发表文章，用新发布的海报，这次不但报道了本尼迪克特，还涉及了广受争议的阿桑奇和维基解密的相关新闻，这无疑让这部影片的拍摄增值了。同时也为本尼迪克特增加了更多美国支持者。

梦工厂在美国电影市场的所有努力，很大承度上是为了确保《第五阶层》可以在 2014 的奥斯卡上有所斩获。并且本尼迪克特作为电影的主角，梦工厂还会考虑推荐他作为最佳男演员。如果真的提名成功，那么本尼迪克特在好莱坞的未来就会有很大的保障。可万万没想到的是，当 2014 年奥斯卡提名在 1 月 16 日宣布的时候，电影和演员都没有入选，所有的媒体瞬间爆炸，他们报道说本尼迪克特只是被大众一厢情愿地认为是奥斯卡最喜欢的演员罢了。

对于这样令人失望的结果，本尼迪克特问心无愧，对他来说，完成好电影本身赋予角色的使命才是最重要的。角色的争议留给观众去评判好了。“这是以非常私人的视角呈现出了一段非常私人化的政治。他是一个非常重要的人物，这并不是我在有意宣扬他，人们知道阿桑奇的做法其实意义非凡，通过匿名举报来公布那些错误的行为，让权力的天平处于监督之下，这是一个革命性的想法，是一项值得被承认的成就。除此之外，片中的其他观点都是值得商榷的，仅仅提供了看待这个问题的一种视角。大家可以开放讨论，从另一个角度看问题，换位思考，让思维碰撞。更重要的是他的成果和那个组织所实现的东西，他们曾经干过的和正在做的事情，所以无所谓了，我是不是让阿桑奇更可爱了这一点并不重要。至少对我来说不重要。”

但是声名鹊起依然让他觉得有些不适应，他对自己的吸引力尚存疑虑，他说被粉丝送给自己的画像包围感觉真的有点奇怪：“我收下了几幅画，他们画得真好，画得真的很美。其他的我只能退回去。我告诉我的粉丝，‘你们看，我真的受宠若惊。但是我能拿这些画怎么办呢？你想想，你会不会希望你的卧室被自己的画像包围呢？有点怪吧。’”有个粉丝行为失控，在康伯巴奇家附近的楼里偷窥他的一举一动，并且发推特描述本尼迪克特“脱下一件 T 恤又穿上一件”。这个经历真的吓坏了他，“想想有人知道我在一天中做的每件事，还在向全世界直播！”还有让他不舒服的是部分女粉丝给自己取名叫“康伯小妞儿”（Cumberbitches），有些粉丝叫他“康伯可乐”

（Cumbercollective），这些称呼都十分无礼。

是的，康伯巴奇对名气的接受还有点儿勉强，他还需要调整自己的公共与私人生活界限——而这样的界限在英国媒体和互联网对他一举一动的监视下变得越来越模糊。“我不像福尔摩斯，”他说，“我没有他那种遗世独立的能力。”康伯巴奇补充道：“我现在遭遇各种无端的猜测：‘他想要孩子，现在又不要了！出了什么事？他是同性恋吧？他是不是没法全心投入一段感情中？’事情到了某个临界点，我只能说‘该说的我都已经说了’。”如果说福尔摩斯的角色让康伯巴奇在全球崭露头角，阿桑奇的扮演为他巩固星途，那么，大家不禁要问：本尼迪克特的职业将在《神探夏洛克》之外走向何方？

本尼迪克特并没有离开观众的视线，当《第五阶层》在多伦多电影节上首映10天后，他开始拍摄艾伦·图灵的传记电影《模仿游戏》。这部影片改编自安德鲁·霍奇斯的小说《艾伦·图灵传》，讲述了“计算机科学之父”艾伦·图灵的传奇人生，故事主要聚焦于图灵协助盟军破译德国密码系统“英格玛”，从而扭转“二战”战局的经历。“我之前并不了解艾伦·图灵，但看完他的故事，就完全被倾倒了。每一本历史书都应该把他放在封面上，但知道他的人实在太少了！”导演莫腾·泰杜姆在采访中表达了拍摄《模仿游戏》的初衷，他自豪地表示影片的主创班底全部由心目中第一人选担任，是一个超高级别阵容。导演莫腾·泰杜姆直言不讳，威廉·戈登伯格是他最爱的剪辑师，影片筹备期间，威廉·戈登伯格刚刚获得奥斯卡奖，炙手可热，他爽快地加入《模仿游戏》团队；团队中的另一位奥斯卡成员——《布达佩斯大饭店》配乐亚历山大·迪斯普拉特，在看到剧本后也调整了工作安排，加入这个团队中。导演不无感慨地表示：“我们几乎成了一家人，我们同舟共济。”最后，他提到了本尼迪克特：“康伯巴奇几乎是所有角色的第一人选，他甚至可以担任芭蕾舞者的角色。我们本来很小的团队逐渐变大。从男主角本尼迪克特·康伯巴奇、女主角凯拉·奈特莉、马修·古迪等人的加入开始，《模仿游戏》注定是会个伟大的电影。”

伦敦国王十字站，也就是电影《模仿游戏》2013 年 9 月 15 日正式开拍的地方，这里的一部分已被改造成 20 世纪 40 年代的样子。在这样的背景下，更能体现出由本尼迪克特来扮演图灵简直是最佳选择。因为他不仅拥有英国人的与生俱来的绅士风度，而且同样也具有学术气质和这个角色该有的温和性格。

2013 年年底，拍摄已经完成，本尼迪克特版的图灵形象已经公布。在历史上，这位计算机先驱和代码断路器创造者的同性恋罪也得到了皇家赦免。对许多人来说，包括前总理戈登布朗在内，图灵的罪名成为英国对待这位功勋卓著的天才的一种恐怖的方式。

1931 年，图灵进入剑桥大学国王学院，毕业后到美国普林斯顿大学攻读博士学位，“二战”爆发后回到剑桥，帮助盟军取得了战争的胜利。图灵还对于人工智能的发展有诸多贡献，提出了一种用于判定机器是否具有智能的试验方法，即“图灵试验”。至今，每年都举办关于这项试验的比赛。此外，他提出的著名的图灵机模型为现代计算机的逻辑工作方式奠定了基础。《科学美国人》这样评价图灵性情而矛盾的一生：“个人生活隐秘又喜欢大众读物和公共广播，自信满怀又异常谦卑。他认为电脑能够跟人脑并驾齐驱，但是他本人的个性却是率性而为、我行我素、无法预见，一点也不像机器输出的东西。”

《模仿游戏》这部电影想告诉观众：只有像图灵这样拼命死守秘密的人才能对秘密的创意如此轻车熟路。在图灵看来，正是自己的“缺陷”使他成为了战时英雄。图灵还一直隐瞒了一个秘密——他的性取向，因为这个秘密他也遭受了非人的待遇。1952 年，图灵的同性伴侣与一名同谋一起闯进了图灵的房子实施盗窃。图灵为此而报警，但是警方的调查结果使得他以“明显的猥亵和性颠倒行为”被指控。他没有申辩，并被定罪。在著名的公审后，他只有两个选择：坐牢或荷尔蒙注射疗法。他选择了后者，并持续了一年。在这段时间里，药物产生了包括胸部不断发育的副作用。1954 年 6 月 7 日，图灵被发现死于家中的床上，床头还放着一个被咬了一口的苹果。警方调查后认为死因是氰化物中毒，调查结论为自杀，当时图灵 41 岁。直到 2013 年圣诞节，英国女王终于向图灵颁发了皇家赦免。英国司法部长宣布：“图灵的晚年生活因为其同性取向而被迫蒙上了阴影，我们认为当时的判决是不公的，这种歧视现象现在也已遭到了废除。为此，女王决定为这位伟人送上赦免，并向其致敬。”

在《模仿游戏》中，破解密码的故事贯穿始终，因此如何破解纳粹密码，如何查到英苏双重卧底间谍，如何解决困扰主人翁的情感纠葛，都让这部影片更像一部惊心动魄的侦破情节戏。本尼迪克特无疑是优秀的演员，图灵的傲慢、激情、智慧，以及痛苦、失落，他都生动地再现出来。对于别人不理解他为什么一定要用机器破译密码而展现的无奈与傲慢；在被海伦一句话点醒想出破译方法时的激动；在被起诉同性恋罪时的脆弱；在面临自己寄予感情的机器将要遭到毁坏时的痛苦……图灵有太多的复杂情绪，因为他不单单是数学与物理天才和战争背后的无名英雄，还是曾被当时万众唾弃的“同性恋者”。

总之，与《第五阶层》不同，本尼迪克特的这次出演获得了一致好评。美联社的评价是：“事实上，图灵的生平故事难以想象，而康伯巴奇的表演，则完成了观众对图灵的认知。康伯巴奇天生有些高冷的怪咖气质在图灵这个角色身上体现得恰到好处。片中，他收起了锋芒，对一个有很多秘密、内心纠结而丰富的角色把握得十分到位。凯拉·奈特莉饰演的琼·克拉克在某种程度上和图灵同病相怜：身为一个能力强过男人的女子在当时那种社会也是不被接受的，她和图灵两个人惺惺相惜，奈特莉成功把这个低调又有亲和力的角色发挥到了最大限度。”好莱坞相关的报道这样评价本尼迪克特的表演：“他发挥人格魅力将一身怪癖的图灵演绎得相当自然，是福尔摩斯与物理奇才的完美结合，创造出了令人信服的图灵人生。”与此同时，《华尔街日报》也评论道：“在片中有大量科学与人性的交锋，全部在康伯巴奇的表演中展现了出来。毫无疑问，这是他整个职业生涯的最佳表演。”

可以说，《模仿游戏》将代表本尼迪克特最重要和最深刻的职业生涯发展。这个男孩儿在学校初次试演的时候还表现得过于紧张，但是现在他已经成为他这一代最自信的演员之一。他跨过观众的重重视野，拍摄出了一系列引人注目的戏剧作品、电视和电影。2013 年，本尼迪克特最大的恐惧是：人们可能会厌倦他的风格，他巨大的工作量意味着他更多地出现在荧幕上。本尼迪克特全身心地投入每一项工作中，他认为每个“下一次”都会带给他非同寻常的体验。

不仅仅是本尼迪克特本人得到了奥斯卡奖的提名，这部电影总共获得了八项提名，包括最佳影片奖和最佳导演奖，还在全球奖和学院奖中取得很多提名。《时代》杂志断定本尼迪克特是“最接近我们的一个真正的劳伦斯·奥利弗先生的后人”。

《模仿游戏》赢得了应得的赞美，被《独立》杂志誉为“本年度最佳英国电影”，并被纽约《观察者》杂志视为“2014 年最优秀的电影之一”。这部电影提高了本尼迪克特在另一个层次的表演水平。《洛杉矶时报》描述了他在艾伦·图灵这一破译者角色中的表演天赋，以及“让人生畏的智慧”是事业成功的关键。但本尼迪克特被他的朋友埃迪击败，与奥斯卡最佳男演员奖擦肩而过，而该影片在全球票房近 2.33 亿美元。这对一个只花了 1400 万的低成本独立电影来说是一个非常理想的成绩。

就在仅仅一个星期后，也就是 2014 年的元旦，本尼迪克特于电视荧幕消失两年后又重新回归，准备拍摄《神探夏洛克》第三季。新的剧集完全胜过以往任何情节，并且这一季成为英国电视台除《神秘博士》之外在 2002 年最受关注的戏剧。它的评级远超《呼叫助产士》和哈利的《加冕》，有超过 900 万的观众晚上选择观看这部剧。可以说，之前的任何一部电视剧的影响力都无法与之匹敌，这是自从上一次“贝尔戈维亚丑闻”收视率高峰之后的又一次收视率爆棚，每个人都很激动。“当我开始看《神探夏洛克》的时候，它瞬间吸引了我，我们都认为它好得不能再好了。”制片人休弗图说，“但每一集都超越了过去两季，这是我们得到的最好评价。我们努力去相信这真的发生了！”

的确，《神探夏洛克》第三季第一集是整个计划中最值得期待的。因为在第二季结局的时候夏洛克自己选择跳楼，显然必死无疑。然而两年之后他又出现在自己的坟墓旁，窥视着华生和哈德森太太悲伤地前来祭奠。两年的时间，似乎世界上的每个人都想知道他是如何幸存下来的。制片人那么谨慎，为了防止任何泄密，当面对夏洛克如何让自己消失的“把戏”时，他要求编剧不把相关的内容写进剧本中。正因为如此，在第三部制作前，就有 13 种关于“空荡荡的灵车”的说法来解释夏洛克的幸存。我们的“电视魔术师”德伦·布朗在几个关键的时刻，让夏洛克的助手可以把莫里亚蒂的尸体放到夏洛克摔落的地方，而夏洛克穿过了太平间登记员莫莉·胡珀所在位置的窗户。莫里亚蒂和福尔摩斯伪装一切为了摆脱华生。

在推特上，有人这样热情地评价道："惊人的画面顺序，机智的反应，一个真正的可憎的恶棍和一个强大的情节，让夏洛克卷入了一个与拿破仑·勒索有关的长期冲突中。《神探夏洛克》继续展示着为什么它是最伟大的电视之一。英国观众有幸目睹了一个非同寻常的现场，全国的电视又再一次放着同一个视频。'你想念他吗？'身穿紧身夹克的莫里亚蒂问道。这是一个巨大的惊喜，也同样是一个完美的暗示：是的，夏洛克会回来的。"

在第三集播出之后，《神探夏洛克》又成为媒体铺天盖地报道的焦点。其中《泰晤士报》一篇专栏文章评价《神探夏洛克》的改编意义："《神探夏洛克》中每个故事都始终贯穿着原著的精髓，唯一改变的是时代背景和随之调整的案件细节。这部电视剧成功打造了现代福尔摩斯的形象，也成功地在不违背原著精神的前提下将故事翻新，该剧在第一集推出的时候就引起了不小的反响，可以说是 21 世纪以来最成功的'福尔摩斯系列'影视作品。正是通过'内容'整合的方式，'福尔摩斯系列'影视改编在完全依据原著直接改编的路线已走入死胡同的情况下，重新在 21 世纪获得了生机。"

《英国日报》的评论家汤姆·隆盛赞了本尼迪克特如今在英国的名气，将他与英国演员裘德·洛和美国影星莱昂纳多·迪卡普里奥相提并论："他是英国影视圈少有的幸运儿，很容易让人想起年轻时的裘德·洛，两人有着极其相似的背景，都是舞台剧出身，在表演上也都是较为外向的风格。以裘德·洛为坐标去看康伯巴奇，不难想象精湛的演技、个性化的风格会给他带来多少机会。不过，他还需要更多磨炼，靠'一招鲜'要走更远是件非常难的事情。如果他能有勇气打破自己的形象，说不定他能成为英国版的莱昂纳多·迪卡普里奥。作为英国人，我希望他能够成为国际巨星，将英伦风潮带向全球。看看莱昂纳多的成长轨迹——从美剧《成长的烦恼》开始积累人气，到电影《不一样的天空》获得业界的认可，然后与大导演詹姆斯·卡梅隆合作《泰坦尼克号》成为全球最红男星——康伯巴奇也在相似的路上前进着。借助《神探夏洛克》积攒的人气，康伯巴奇有了更多在国际影坛发展的机会。虽然这几年他出演了多部好莱坞大片，但现在他还需要一个能完全证明自己的作品。”

提供影片的人蜂拥而至。在他 38 岁的时候，能够在众多剧本中按照自己的喜好进行选择。自《心跳》和《内森巴里》之后，他走过了漫长的路才被全球观众重新认识。不管你是否喜欢他在公众和媒体前的举动和言论，他终于实现了儿时的梦想，成为了一个真正的演员，他的人生已经不可逆转地改变了。

第十二章

# 声望：记住我的名字

在成功扮演图灵之后，本尼迪克特像他的父母一样经常忙于出席各种颁奖典礼。更让人开心的是，就在奥斯卡颁奖典礼的前几天，也就是2015年情人节，本尼迪克特和戏剧导演苏菲·亨特举行了婚礼。在他们正式宣布订婚的几个月前，新闻报道“本尼迪克特·康伯巴奇的数千万粉丝希望破灭”……之后，心情低落的众多女粉丝不禁问道：“那么，苏菲·亨特是谁？”

其实，早在2009年，夫妻俩就曾一起合作过，那是他们第一次见面。由苏菲·露西亚尼执导的电影《滑稽戏童话》，这个发生在20世纪30年代的故事，吸引了观众的注意。本尼迪克特出演了影片中克拉克的角色，琳赛·邓肯和吉姆·卡特也参加了演出，当时亨特扮演了面带微笑的安娜贝尔。从2004年起，她参与了《杀机四伏》和《火炬木》的制作，并且和短片《交通管理员》中的大卫·坦南特开始出演对手戏。同年，她在米亚·奈尔德执导的《名利场》中出演玛丽亚·奥斯本。

然而，表演并不是她的主要工作。当时，36岁的苏菲是牛津大学的研究生，并且也是一个备受尊敬、屡获殊荣的戏剧导演，她甚至会唱歌剧。她曾在法国巴黎著名的戏剧学校学习，也在纽约戏剧学院进修过。

苏菲出生在哈默·史密斯家族，和她丈夫一样拥有一个杰出的家族。她的祖父曾获得大十字骑士勋章和巴斯勋章，20世纪50年代是亨利王子的侍从，并获得格洛斯特公爵称号。后来，他成为英国莱茵河和北部方面军司令陆军总司令并参加了北约北方集团军。苏菲以前与雕塑家康拉德·肖克罗斯有过一段很长的恋情，他们在 2010 年分手了。

如果苏菲的背景象征了某种特权，那么她通过在事业上的奋斗让自己成为了真正的国王。她是 BOILEROOM 的艺术总监，并凭借作品《极电》荣获 2007 年牛津塞缪尔·贝克特剧院信任奖。她还参与执导了 2011 年本杰明·布里顿的影片《对卢克·蕾提亚的暴行》，并于同年在非洲参与了莫扎特《魔笛》的拍摄。2012 年，她在北美执导了实验表演《69s》——用木偶和踩高跷的演员体现了南极探险家欧内斯特·沙克尔顿的航程。

苏菲还是 Lacuna 戏剧公司的联合创始人，并且担任伦敦西区皇家宫廷剧院和百老汇布罗德赫斯特剧院的副导演。此外，她还是 PhantomLimb 公司出品的木偶戏的合作总监和编剧。

她的成就远不止这些，作为一个歌手和钢琴家，苏菲在 2015 年与盖伊·乾伯斯录制了一张法语专辑，乾伯斯是继罗比·威廉姆斯之后最著名的作曲家。他们的合作被命名为“伊希斯项目”。

当本尼迪克特和这样一个女人终于走在一起时，他们都幸福地笑了。2014 年 11 月 5 日正式订婚，一个月后，本尼迪克特向外界宣布苏菲怀孕。于是，正如我们之前所说的，2015 年情人节那天，他们在怀特岛举行了婚礼，宾客们都聚集到莫蒂斯通庄园送上了最诚挚的祝福。

当然在这之前，人们不可避免地会有许多猜测，比如婚礼会采取怎样隆重的形式，将邀请哪些名人出席。对此，本尼迪克特对纽约记者表示：“这将是一个非常私人的婚礼。”尽管许多报纸声称《神探夏洛克》的主演马丁·弗瑞曼肯定会作为伴郎，但本尼迪克特邀请了老朋友罗伯特·林德尔做了伴郎。两人自从曼彻斯特学校毕业之后一直是特别要好的朋友。当时林德尔主持《法官林德尔》这样一个真人审判秀节目，他被描述为一个传统的“英国法官”。2012年，本尼迪克特曾在伊比萨主持林德尔和塞斯的婚礼。《太阳报》报道说，“本尼迪克特一共有三个伴郎，不过只有一个是知名人士，就是林德尔。他希望真正的老朋友当伴郎。他们非常低调，他们成名之前就已经是好朋友了。”

据《每日电讯》报道，36岁的苏菲3点20分抵达教堂，她的黑褐色头发光彩照人，身穿传统白色婚纱缓缓走过教堂长廊。随后，她朗诵了玛丽·柯勒律治的著名诗歌《蓝鸟》。整个婚礼过程十分简单，最后，这对新婚夫妇乘一辆捷豹轿车在一片欢呼声中离开。后来，本尼迪克特描述了那“神奇的一天”。汤姆·希德勒斯顿是出席的明星之一，但整个婚礼过程基本没让小报记者拍到什么炙手可热的照片。在度蜜月之前他们参加了一些颁奖典礼，不过，这对夫妇承认他们不能这么一直躲着媒体。

“她很聪明，她会多种语言，在牛津大学修过法语和意大利语，后来又在鼎鼎大名的雅克·勒考克国际戏剧学校进修。康伯巴奇对她钟情并非没有道理。”本尼迪克特的姐姐曾说，“他的历任女友都必须要非常聪明，能跟他有共同语言。最重要的是，她是个善良宽容的人，希望世界更加美好，人们生活更加幸福。她与相关协会共同创立了拉库纳戏剧公司。他们共同的目标是通过戏剧使人们更好地了解残疾人的生活。”

婚后的本尼迪克特也在发生着改变，他参加了收视率火爆的《吉米凯米秀》。在一系列精彩的介绍之后，他身穿蓝衬衣、牛仔裤和短靴登上了舞台，手上还戴着婚戒，很明显他十分开心。有些本尼迪克特的狂热影迷不太开心，他们发推特感慨他的婚礼，“情人节给彻底毁了！”在他们的社群也是这样自嘲式叹息：“我仅有的一点点希望化成了泡影！”另一个八卦问题紧跟着抛出来了：苏菲会跟他的姓吗？虽然本尼迪克特自己被经纪人指出姓氏过于烦琐。“本尼迪克特·卡尔顿，这原本是我的名字，我的祖父留给我的，”他告诉美国采访者凯特·库尔奇。他略带羞怯地说道，“康巴伯奇听起来像在洗澡时发出的奇怪声音，在英音口语中甚至更搞笑。但一个比我聪明的人告诉我这是件好事，人们总是会拿这开玩笑，而且会继续下去，这样大家都会自然而然地记住你！”

粉丝们不必担心这位新婚的明星会很快放弃他的天王地位。事实上，他设想增加自己的才能。减少古怪的聪明，增加浪漫的情怀。“我从来没有演过像瑞恩·高斯林这样的角色。”他笑了笑，继续跟《纽约》杂志说，“我从来没有让女孩那么感伤过，我想这就是我在接下来的时间里要努力做到的。”

不管怎样，他的职业生涯还在上升。本尼迪克特在由多米尼克·库克执导的系列电视剧《空王冠》中扮演的著名人物——理查三世和他本人的性格有非常微妙的相似之处，是他梦寐以求的角色。该剧的第一部已作为伦敦奥运会文化元素的一部分。除了本尼迪克特之外，令人印象深刻的演员还有朱迪·丹奇、姬莉·霍斯、苏菲·奥肯多和本丹·尼尔斯。执行制片人比伯·哈里斯说：“《空王冠》系列所批判的和观众的反应就注定其标准要高于莎士比亚的原著《理查三世》。通过拍摄，我们将让观众充分领略这样一个可怕的暴君是如何找到自己的方式去统治国家的，这部剧会有更多分量和有深度的角色。”本尼迪克特这个版本的可怕的暴君十分令人期待，之前劳伦斯·奥利维尔、兰麦·凯伦、阿尔帕·西诺等知名演员也诠释过该角色。2015 年 3 月，在莱斯特大教堂，理查三世的远亲表妹邀请本尼迪克特参加杜菲的诗的朗诵会。“我认为在历史和考古方面关于理查三世和他的王权辩论现在该得到见证了。”本尼迪克特自信地说。

《空王冠》第二季围绕著名的“玫瑰战争”展开，开篇亨利五世英年早逝，留下唯一的幼子亨利六世。不幸的是，他不仅孱弱，而且患有精神疾病。王弱必引发纷争。从剧首的红白蔷薇分列，最终演变为两大家族之间持久的战事。扮演玛格丽特的苏菲·奥肯多老而弥坚，休·博内威利扮演的摄政王角色顺时而动，亨利六世是有着一头深色鬈发的神经质软弱少年，劳拉·弗朗西斯·摩根身上则兼具“圣女贞德”的坚忍和脆弱，火刑柱上的惨叫抓心挠肺……历史的巨手推动着英国进入专制王权，新兴贵族和资产阶级亦由此崛起，新时代的序幕缓缓开启。

本尼迪克特在这部剧中饰演的理查三世是约克王朝的末代国王，也是金雀花王朝的最后一位国王，在莎士比亚笔下是个“驼背的暴君”。理查三世在位期间成就斐然，建立了一套完善的法律援助体系和保释制度。这一次，本尼迪克特对理查三世的诠释十分出色。在剧中，理查三世都有大量的独白，这些独白表现了他先天的生理缺陷和扭曲的心灵。而驾驭这种独白是非常有难度的，这要求演员的表情和语气都要控制得很精妙，本尼迪克特又一次展现了他扎实的舞台功底，甚至比在《哈姆雷特》舞台剧表演中的念白更加自然，通过他的演绎，让观众能充分感觉理查三世那种从心底浮上来又被压在眼神后的阴险狠毒，令人不寒而栗。

有趣的是，本尼迪克特正是拥有1700万年历史的金雀花王朝王室的后裔之一，但他的血缘与理查三世较为接近。研究约克家族、兰开斯特家族、都铎家族的莱斯特大学系谱学家凯文·舒尔在接受英国媒体采访时说：“康伯巴奇的血统可以追溯至理查三世的母亲塞西莉·内维尔，她出身于中世纪王国最有权力的家族。康伯巴奇还与英国女王伊丽莎白二世在族谱上有联系。”英格兰“金雀花王朝”最后一位国王理查三世的遗骸失踪500多年后被寻回，并于 2015 年 3 月 26 日在英国莱斯特大教堂下葬。逝世 530 年后，理查三世终于迎来了他的国王葬礼。

本尼迪克特是个彻头彻尾的工作狂，在《空冠王》的演绎之后，他已经着手研究莎士比亚最长戏剧了。这更加暗示了他正在朝着有文化积淀的演员而努力，他将在伦敦巴比肯剧院扮演哈姆雷特。历时 12 周的演出将在 2015 年 8 月开始，林赛 · 特纳担任导演，索尼亚 · 弗里德曼担任制片。本尼迪克特勇敢地扮演了寡柔的王子，满座的现场观众也使他成为英国最自豪的演艺明星。据 2014 年底新闻报道，《哈姆雷特》已经成为伦敦戏剧史上票卖得最快的戏剧。十万个预定席位在几分钟内售罄，几乎一年内的票都在夜幕降临的时候卖空。售票网站显示该剧的票比碧昂斯的演唱会的票更受欢迎。

随后官方宣布，为了过量的需求，十月份将在巴比肯电影院加演三场。这意味着又有几百名观众可以得偿所愿，虽然只是杯水车薪。据各大媒体报道，该剧也将在英国的 550 多家电影院播出，并且在其他国家（包括美国、巴西和日本等）也满是受欢迎的消息。本尼迪克特简直红得发紫，这简直是戏剧吸引人们的一个伟大方式。赛琳娜 · 戴维斯在《每日电讯》报道称："不是所有伟大的演员都可以演出如此伟大的哈姆雷特。本尼迪克特肯定有自我控制的技能，狂野的乐观和迷人的气质，以及处理复杂角色的能力……他确实应该是一个可爱的王子。"

最后由林赛 · 特纳执导，本尼迪克特 · 康伯巴奇主演的这部舞台剧，总共 76 晚的表演，超过 10 万张门票一售而空，成为伦敦史上销售最快和观看人次最高的舞台剧，并为小朋友们筹集了 15 万英镑的善款。本尼迪克特在最后一场演出谢幕的时候，也难掩激动的心情，泪洒现场。早在 20 年前，当康伯巴奇还在哈罗公学就读时，他第一次遇到《哈姆雷特》。他当时的戏剧老师马丁·蒂雷尔认为，莎翁“启发了他想成为专业演员的念头”。蒂雷尔老师在学校演出中就看到了这个男生耀眼的才华，“我可以想到他会成为一位勤勉努力、认真尽责的专业演员，但我想不到他可以被奥斯卡提名，并且主演的哈姆雷特简直万人空巷”。这部莎士比亚的经典悲剧，当它与本尼迪克特·康伯巴奇这样的超级明星发生化学反应时，散发出的能量无疑是巨大的。英国《每日电讯报》评论说“本尼迪克特·康伯巴奇塑造了一位超炫的五星哈姆雷特”。《综艺》杂志则称“这是一部为如今躁动不安的世界量身定做的《哈姆雷特》”。《每日邮报》专栏作者简·莫伊尔给这一版的《哈姆雷特》打出了五星评分。她在专栏评论中写道：“继《神夏》《弗兰肯斯坦》之后，本尼迪克特终于在巴比肯剧院迎来了他演艺生涯中的又一次大挑战。1480 行台词，嵌入疯狂的表演，呈现最丑恶最卑鄙的谋杀，哈姆雷特一角可谓戏剧表演的珠穆朗玛峰，最杰出的演员也很难把控。然而三个小时之后，当本尼迪克特大汗淋漓地站在台上谢幕时，观众们纷纷起立鼓掌，表达敬意。”

还有一个小插曲，在一次演出结束后，康伯巴奇从演员通道走出来，对等候他的粉丝说了一番肺腑之言，呼吁大家文明观剧。“我不介意场外的拍摄，但是我看到有人用相机在偷拍，处于拍摄状态的红灯，四处闪烁，这在剧场里非常失礼，‘生存还是毁灭’那一段台词驾驭起来本就比较有难度，我却能清楚地看到观众席第三排右侧的红灯。没有什么比一个演员在剧场里受到如此干扰更令人无助和不快的了。我希望给观众带来完美的演绎，希望大家把这些喜怒哀乐铭记于心，而不是记在手机里。”

同时，那些国际电影院不能没有这样一个了不起的演员。当然，本尼迪克特仍在寻求作为一个配音家参与广播的机会。他在梦工厂的《马达加斯加的企鹅》中配过音，而在BBC电台，他也为浪波尔配音。5年前，他就开始做类似的工作了，现在已经有超过两部的作品。在2014年广播的《浪波尔和老男孩》和《浪波尔和睡眠伙伴》都是理查德·斯通曼根据约翰·莫蒂默的作品改编的。那年6月，本尼迪克特很荣幸地被同一个电台邀请去读八点新闻公告，那天是诺曼底登陆70周年纪念日。

与此同时，本尼迪克特似乎本性难移，总是嘲笑媒体痴迷评价他的表现，不论是奉承还是批评的声音。他在美国公共电台的《新鲜空气》中说，他知道夏洛克性感的一面，但强调这个角色使他的名字不再一样了。“极其客观地来说，我确实了解夏洛克的性格，”他承认，“因为夏洛克是冷漠的，非常冷酷自私，他可能难以置信地令人迷恋。他能干、聪明并且还十分有趣，但也有缺陷。我觉得他是一个魅力十足的人。但这只是作品的投射，如果夏洛克是性感的，我肯定不是。在这之前的10年或15年，几乎没有任何影迷知道我。我只是本色出演，这看起来有点愚蠢。我的确很努力，但得到的太多。”

“我还在习惯这一切，”他承认，“像每个人一样，有一段时间我会觉得这不是最好、最真实的自己，也没有自信面对这一切，很多时候，我宁愿窝在家里的被子中。”

尽管本尼迪克特这样评价自己，但关于他扮演的人物和其他方面的赞美还是不断涌现，他被《闲谈者》评为2013年排名第五的最有魅力的英国人（排名在女王之后，凯特·米德尔顿之前），还出现在《好莱坞记者报》的优秀新星名单里，《星期日泰晤士报》称他为“当代劳伦斯·奥利弗”，《乡村生活》把他评为“年度绅士”，《时代》杂志把他列入2014年4月最有影响力的人物……2014 年 10 月，他的蜡像也陈列在了伦敦杜莎夫人蜡像馆里。同年，在新西兰的一场戏剧也展现了粉丝对他的痴迷：该剧有一个迷人的名字《致命本尼迪克特·康巴伯奇》。在田纳西，经过公众投票，水族馆里有一只水獭因以他命名而成为当地人的宠儿。

与此同时，汤姆·哈迪携手本尼迪克特出演了“勇战癌症”公益活动的宣传广告。他表示非常支持这个活动，因为这可以支持科学家们研究开发出有效治疗癌症的新方法，挽救更多的生命。他还相信，在癌症治疗这一领域，当代人会迈出至关重要的一步，他愿意成为其中的一员。

当然，这个级别的名声就像香蕉皮，他踩上去很容易“摔跤”。2015 年 1 月，本尼迪克特明白了即使是最聪明最善意的人也会被媒体抨击。在一个美国的电视节目中，他试图去支持黑人演员的工作，但他无意中用了一个“colored”这样的词汇，就引起了一片骚动。他希望民族平等的呼吁就这样被公众的愤怒淹没。他很明智地立刻道歉。“因为用这种过时的术语造成了很多破坏行为，”他说，“我真诚地道歉，我不会为我的白痴行为辩解，木已成舟，伤害抹不去。最让我觉得羞辱的是我在英国的演艺圈谈论种族不平等时我用了这个词汇，我们的行业需要改进。”

他的朋友大卫·奥伊罗，曾在民权戏剧《塞尔玛》中扮演马丁·路德·金，说有人这样小题大做是“愚蠢可笑的”。“当你看他表达的东西时，”他赞同地说，“很明显他是支持黑人演员的。这表明我们生活的时代，偏见是时时存在的。他是一个出色的演员，这只是我们谈论的一个转移。卓越是反对偏见的最好的武器。你必须不断地超越自我。”

经此一事，当谈及如何应对媒体的压力时，本尼迪克特有了自己的感悟和方法。“如何应对外界的压力，这是个很好的问题。其实我没有过多陷入类似被动的情况，应对媒体压力是成为演员的必修课。在工作中，我会努力地塑造人物形象，并没有过多关注这些问题，因为这会让人沉溺其中。虽然我有许多社会身份，但说到底，我是一个演员。无论别人对你的评价是好是坏，你不能过于关注别人怎么说，自己要集中注意力，与导演、其他演员和观众达成共鸣。如果仅仅在意其他人是不是喜欢你，以及你是否真正拥有他们所喜欢的特质，那么你会很烦恼，而且这么做也非常危险……一直以来，我只关注如何做正确的事，而不理会公众和媒体的评论。”

本尼迪克特的卓越不再被怀疑，他进行慈善工作并不断支持有价值的事业都体现了他的善良。他辅助国际组织争取阿富汗的妇女主权，把他的威望借给英国出版社以实行更严格的文化监管，他还为同性恋组织发声辩护。英国媒体曾发表声明称赞他的坦率：“看到有人，尤其是一个像本尼迪克特那样有影响力的人，在公众的视线里谈论同性恋问题，这对年轻的同性恋者是很有力的支持。很难为那些在成长中的孩子们找到榜样来证明，不论你是直的还是弯的，都是正常的。”回到他自己的角色，本尼迪克特和其他明星在 2015 年 1 月发表了一封给家长的公开信，为所有的同性恋和被法律控告猥亵的双性恋男子申求辩护，艾伦·图灵也曾因此被控告过。

在白金汉宫，本尼迪克特和他的妻子参加了史蒂芬·霍金教授和安妮公主的一个运动神经元疾病协会的活动。他不是一时心血来潮，从他扮演霍金开始，他已经赞助髓样细胞核分化抗原项目 13 年了。他说：“我能够和史蒂芬一起参与其中，感觉非常自豪。”

但这并不影响本尼迪克特的本职工作，他强调接戏并不是比拼受欢迎程度，“你不能总在表演的时候想着‘嗯，我得想办法让大家都喜欢我’，就像我们谈到社交网络，有时候话语权完全不受自己控制——别人怎么看我，怎么想我，很多时候完全是在我掌控之外的。报纸完全有可能写一篇报道，里面简单地复制粘贴一些我表现的糟糕瞬间和生活上的糗事，或者是断章取义地报道我的一些负面言论，然后这么一篇报道‘嘭’地蹦出来，人们看了之后会说，‘哇，原来这人是个浑蛋！’我的意思是说，这会引发无数厌恶，可能有些是合理的，我把这称为‘高大罂粟花综合征’，就是先把一个人捧起来再狠狠摔下去，我早就意识到如果走进夏洛克的世界一举成名后，肯定难免遇到这样的事情，好事坏事总是相伴相生的。这时候你只需做个深呼吸，然后想‘首先，我不可能掌控一切；其次，如果想控制这些杂事的话，对你的演艺生涯没有一点好处，也无助于你忠于自我。对于不去取悦的人，我并不后悔，也不会道歉’。而且在这种时刻，社交媒体的诱惑力会让我有点蠢蠢欲动，我会想，‘啊，我好想发言，真想把那些胡编乱造的浑蛋痛扁一顿。真想自己出面去澄清那些谣言。’”

这就是有些我行我素的本尼迪克特·康伯巴奇，在演戏方面，他从始至终不会放松对自己的要求。他本来可以在《迷失 Z 城》里担任主角，一个关于“亚马逊变色痴迷”的故事，由布拉德·皮特公司制作。他原本取代了皮特的角色，但在 2015 年 2 月他又宣布因档期问题推迟了出演探险家佩尔西·福塞特的戏。当时，也有大量关于他将出演《黄色鸟群》的传闻，该片是根据战争老兵凯文的畅销书改编的。但可以肯定的是，本尼迪克特将出演《黑色弥撒》，一个发生在波士顿的犯罪系列影片。斯科特·库珀将担任导演，他与约翰尼·德普、凯文·贝肯、乔尔西·耶娜米勒、约翰逊·埃杰顿、西恩·那米勒和达科塔·约翰逊共同拍摄此片。这个涉及黑手党和联邦调查局线人的影片，很具有挑战性。对于本尼迪克特来说是一个更为陌生的领域。

《黑色弥撒》根据《黑弥撒：联邦调查局和爱尔兰黑帮不光彩合作的真实故事》改编，男主角詹姆斯·巴尔杰是全球十大在逃通缉犯之一，他发迹于波士顿，他所建立的“冬日山岗”是波士顿著名的黑帮组织，建立了一个庞大到难以想象的犯罪体系。从贩卖毒品到走私军火，可谓无恶不作。詹姆斯·巴尔杰之所以不受法律的制裁，和他在联邦调查局任职的一位好友约翰·康纳利有很大关系，两人虽选择了黑白不同的两条道路，却拥有共同的利益点：巴尔杰为康纳利提供黑帮线报，康纳利则对巴尔杰的犯罪勾当睁一只眼闭一只眼。联邦调查局一直想将巴尔杰捉拿归案，但得到了康纳利通风报信的巴尔杰 14 年前突然失踪，直到现在依然逍遥法外。而康纳利则在退休后才被发现是联邦调查局的“内鬼”，此事成为美国法律体系的一大丑闻。

本尼迪克特在影片中出演詹姆斯·巴尔杰的弟弟威廉·巴尔杰，他在政治领域是个传奇人物，曾在马萨诸塞州参议院任主席 17 年，1996 年出任马萨诸塞州大学校长。他多次因为哥哥的事受到调查，威廉承认和哥哥有电话联系，但强调说他对哥哥的所作所为一无所知，并曾劝其结束犯罪生涯投案自首。威廉·巴尔杰反复强调并不知道哥哥的藏身地点。但后来被曝出与逃亡的哥哥长期电话联系，最终被迫辞职。那些曾经与弟弟威廉有过接触的人都不禁感叹，本尼迪克特惟妙惟肖地再现了他的爱尔兰口音，并且丝毫不令人感到刻意。

2015 年对本尼迪克特·康伯巴奇来说是一个值得纪念的年份。11 月，英国伊丽莎白女王向他授予大英帝国司令勋章，表彰他在演艺及公益事业上的贡献。女王还在授勋时调侃《神探夏洛克》的精彩。这一切对康伯巴奇作出的努力是一种极大的肯定。当时，康伯巴奇正在尼泊尔拍摄漫威超级英雄新片《奇异博士》，巧的是，在片中扮演他死对头“莫度男爵”的瓦特·埃加福特，也在10月底被授予了大英帝国司令勋章。2015年，英国女王的授勋名单中还有上一年颁奖季风头压过康伯巴奇的“小雀斑”埃迪·雷德梅恩，这位奥斯卡奖与托尼奖的双料得主被授予大英帝国官佐勋章，比司令勋章低一级。在授勋仪式后的媒体采访中，康伯巴奇不仅分享了首次拜会女王的激动心情，还爆料说：“我告诉女王拍完《奇异博士》后还要接着拍《神探夏洛克》第四季。结果女王说这部剧千万不能停下来！”历数本尼迪克特的善举：早在2004年，他就成为了英国运动神经疾病研究会的忠实支持者和资助人。2012年，他开始担任查尔斯王子基金会的形象大使，帮助英国残障青少年群体募资2万英镑。2015年，他还在为涌向欧洲的叙利亚难民积极奔走，呼吁大家向饱受战乱之苦的叙利亚孩子伸出援手。

好了，让我们把视线回到尼迪克特的老本行上来。他在《奇异博士》中扮演的角色，可能是唯一能与夏洛克或图灵相媲美的。马福尔工作室很早就确定要让他演斯坦·李笔下塑造的这一万人瞩目的超级英雄。奇异博士是一个才华横溢但非常自负的神经外科医生，他的手在一场车祸中粉碎性骨折，从此他的生活也随之发生改变。他从喜马拉雅的远古邪神那里学习了神秘的巫术，然后回到纽约成为“宇宙中最强大的魔法师”，他还拥有“天才级的智商”。影片将不再遵循一般超级英雄片的套路，讲述奇异博士早年如何拥有超能力的过程，而是单刀直入地把他塑造成一个可以施展超能力的英雄。那么，这绝对是一场有难度的表演。作为漫威电影宇宙中的全新系列，《奇异博士》将探索此前从未涉及的疆界与维度，为广大漫威迷展现时空倒转、遁形幻千、颠覆想象的神奇世界。

影片由曾执导过《地球停转之日》和恐怖电影《险恶》的斯科特·德

瑞克森担当导演，曾和斯科特合作过《普罗米修斯》的编剧乔·斯派茨，为“奇异博士”打造了一个全新的故事。欧洲文艺老戏骨蒂尔达·斯文顿扮演“古一”，因美剧《汉尼拔》而为人熟知的丹麦影帝麦德斯·米科尔森出演一个神秘反派。摩根·弗里曼、日本演技派男演员渡边谦、喜剧明星比尔·奈伊也加盟了该片。

漫威为了让本尼迪克特出演该片，专门等到他舞台剧《哈姆雷特》的档期结束。因为哈姆雷特是少有的几个本尼迪克特发自肺腑想演的角色，“我很有幸能得到这个机会，我真没料到能有这个机会。我年轻的时候有好几次演《哈姆雷特》的机会，但都失之交臂，我和凯文还有斯科特都谈过这件事，漫威有着超大的电影计划，他们不只是拍这一部电影，还要协调这部电影和续集的关系，角色与角色之间的关系，所以他们开了一个先例，他们知道我非演《哈姆雷特》不可，所以他们决定为我更改拍摄档期，首映时间也调整了，这在漫威公司的历史上还是第一次。我对他们无比感激，同时也有点害怕，他们对我太信任了，这迫使我更加努力，不辜负他们对我的期望。”

这正是漫威的优点，总能给自己的角色找到最适合的演员。不仅角色设定和夏洛克有很强的相关性：天才的智商、略低的情商、傲娇的毒舌，除了自己质疑一切，而且还从《神探夏洛克》中借鉴了台词——“你的手表响声影响我工作了！”听到这句话大家简直笑疯了。但是，本尼迪克特充分证明了自己是多么优秀的演员，他让观众完全没有串戏之感。对此，本尼迪克特曾总结说：“奇异博士与夏洛克的区别是：奇异博士说到底还是人，夏洛克只是偶尔来人间玩玩儿的神”。奇异博士的动作表情，本尼迪克特都刻意往更为夸张的方向尝试，而观众在夏洛克平静如常的脸上看到的只有克制。奇异博士这个角色设计得很丰满也很讨喜。他无比善良的本性，无比聪明的大脑，无比勇敢的担当，以及不完美的性格和对爱人的情深与信任，这真是个容易使观众留下记忆点的好角色。

影片的视觉风格也很统一，从头至尾，对非物质的存在有着很好的呈现，更重要的是，视觉并没有脱离故事而存在，这也是这部电影值得点赞的地方。视觉的呈现方式，建筑物的扭曲、转动、宇宙的奇观，像一只万花筒，色彩喷薄而出，视觉风格构筑了一个架空的世界，导演斯科特·德瑞克森为观众描绘了一个迷幻的奇境。《好莱坞报道者》评价《奇异博士》是部迷人的作品，本尼迪克特穿行在这片与以往不同的领域时，找到了使影片达到协调的正确方向，在把整个故事传达到观众面前时，还在里面加入了一些显而易见的轻松和天赋。

本尼迪克特也曾谈起他接受这个角色的心路历程。“我一直都是漫威系列电影的忠实粉丝，从《钢铁侠》开始就一直在追，我会偷偷进电影院看这些电影，吃着爆米花看得很开心，就像其他粉丝一样，看着漫威的宇宙日渐壮大。第一次聊起奇异博士的事情，是在给《星际迷航：黑暗无界》做宣传的时候，洛杉矶的一个记者对我说：‘你很适合演奇异博士。’我说：‘呃，哪个博士？’（Doctor Who？著名英剧《神秘博士》也叫这个名字）他说：‘哦，你演神秘博士（Doctor Who）也很合适。’我说：‘不不，我不会演神秘博士，我指的是奇异博士是谁。’然后他和我详细介绍了一番。我当时听起来蛮有意思的，后来我还特意去看了漫画，但我并没有意识到会与这个角色有什么特别的缘分。过了很久，我见到了凯文、斯蒂文以及漫威的其他高层，他们说很想让我来演奇异博士，我受宠若惊，然后我见到了导演斯科特，这时我才真正喜欢上了这个项目。斯科特和我相处甚欢，他向我描述这个角色在新世纪会是什么形象，如何对这部漫画做精彩的改编——史蒂夫·迪特科的画到现在也毫不过时。如何用现代的方式搭配最炫目的特效来呈现这个故事，这个男人有什么能力，这个角色的发展曲线是怎样的……我彻底迷上了这个故事，这是一个物质生活富足的男人，同时又风趣幽默，他开兰博基尼跑车，居住的公寓也特别漂亮，他是纽约的顶尖神经外科医生，过着非同一般的奢侈生活。但因为一次车祸，他失去了一切，他遭受了肉体和精神的崩溃，他需要从一无所有中重新振作起来。在康复的过程中，他认识了一个全新的世界，让他可以变成一个崭新的人，他在这里学会了魔法，然后他面临两难选择：是继续当他的魔法师，还是带着魔法回到自己原来的生活？这些故事元素都是吸引我的地方。另外，我也拍过一些动作片，拍过一些商业大片，这次扮演的角色，需要大量的打斗、奔跑、特技，我对此也非常兴奋。”

通过这次《奇异博士》的演出，本尼迪克特丰富了自己的银幕形象。在谈及他是如何把握这些丰富多彩的荧幕角色时，本尼迪克特道出了自己独特的方法：“你要把握平衡，首先这是一个起源于60年代的角色，但现在去看当年迪科特的漫画，它依然能够经受时间的考验，书中的画面非常震撼，为漫威漫画揭开了新的篇章，我们想把这些精彩内容带入21世纪，本片在视觉效果上做得也非常出色。在出演改编作品时，我确实参考了很多漫画，当然主要是关注这个角色，我发现这个角色非常骄傲自大，我承认起初我有点难以接受，后来我渐渐开始理解这个角色了，看得出来他的胆大妄为是各种各样因素导致的，所以当我设计这个角色时，他肯定是要经历一次大挫败，这也是这个角色发展的精彩之处。他非常自大，但也很幽默，这会比漫画原作更讨人喜欢。直到他痛失一切，让他变得消沉而愤怒，然后慢慢在这个魔法世界重新振作起来。一开始我是个脑外科医生，所以我和一些脑外科医生聊过，我差点就去看他们做手术了，但医院的规定让我没有‘得逞’。于是，我在 YouTube 上看了很多手术，这真是医学界最神奇的领域，其中涉及的人性——你要做什么，牺牲什么，其中的道德是非常复杂的。我有必要提到两本书，一本是《当呼吸成为空气》，另一本是《勿加害》，尤其是第一本，写的是作者患脑部肿瘤的经历促使他成为脑外科医生的故事，他是一个思想深邃、医术精湛的人，文字非常优美，难能可贵的是，书中也写到他成为病人走向死亡的过程，这本书对我演好奇异博士帮助极大。另外，我们和斯科特一起创作剧本，对我来说给这个角色加入大量幽默元素非常重要，从漫威的历史来看，幽默一直是它的强项，当然还有动作场面和视觉特效，我知道斯科特会搞定很多繁重工作，凯文·费奇会从漫画中取材为这个角色安排未来。”

毫无疑问，奇异博士是继夏洛克、图灵、梵高、霍金之后，本尼迪克特再一次成功饰演的“天才”。好像他与天才冥冥中有着密不可分的关系。“我猜只是因为这些角色更容易引起人们的注意吧，对我来说，这些角色都是与众不同的，如果说有相同点的话，大概就是他们都很聪明，但他们聪明的方式完全不一样。这些角色不管存在于文字中还是荧幕上，他们的特点都极为突出，十分有趣。你会想象这些人物要怎么出现在真实世界里呢，你该把这些角色放在什么情境中呢？你可以让角色更生动、更充满活力，甚至可以让观众的意志参与到角色中。那种单调的线性剧情、那些无聊的人物越来越让观众厌烦。人们希望看到英雄人物超快的说话、动作，大脑的飞速运转等，这令人十分兴奋，作为一个演员我的工作就是为大家讲好故事，挖掘他们天才的共性和个性，从而使观众能够理解他们并与他们产生共鸣。我想把这些天才塑造成有血有肉的真英雄就得在某种程度上把他们人格化，让观众能够近距离地触摸到他们。”

也许本尼迪克特确实喜欢某一类型的角色，但他也扮演过许多非天才型角色，或者反社会型角色……所以每当本尼迪克特被问及是否钟情于某一类型的角色时，他坚定地回答说：“不是的，我觉得我没有重复自己，不像粉丝们所看到的那样，我觉得这些角色都不一样。好的剧本和故事会不断吸引我，只要这些故事有意思，有挑战性。也许这个问题有个更简单的答案，那就是：因为我很笨，我想要通过扮演这些天才人物来提高我的智商。我也喜欢扮演蠢人，因为对我来说是本色演出。虽然我挺爱说话的，但是扮演蠢人绝对易如反掌。重点在于选择角色需要考虑多样性，那些天才角色，他们自带光环，是人群中的亮点，他们本身就那么醒目，扮演他们就是让他们更接地气。但是与此同时，扮演其他类型的角色一样有趣，比如《恋爱学分》中的帕特里克·沃森，《八月：奥色治郡》中的小查尔斯，《为奴十二年》里的奴隶主威廉·福特……”

“我不想抱怨或解释，”对于名声，本尼迪克特早已云淡风轻，“名声只是生活的一小部分，它是累赘，而且终会逝去。”当然，他也谈到过“名声是如何给你力量和权利去做自己想做的事情”。这些话都是建设性的，也是他多年演艺事业的总结。

看起来本尼迪克特一定会继续忙碌，他已经可以自主选择角色来达到内心的充盈。同时，对于他的名声，他始终非常地谦虚，“我从前绝对无法想象现在，我时刻提醒自己要务实地面对演艺界人才济济这样一个事实。大约90%的演员都找不到工作，有工作可干是非常幸运的。像我这样不断有人邀请来实现梦想已经非常酷了。”